中华精神家园

文化遗迹

陵墓遗存

古代陵墓与出土文物

肖东发 主编　王金锋 编著

中国出版集团

现代出版社

图书在版编目（CIP）数据

陵墓遗存：古代陵墓与出土文物 / 王金锋编著. —
北京：现代出版社，2014.5（2021.3重印）
ISBN 978-7-5143-2362-7

Ⅰ. ①陵… Ⅱ. ①王… Ⅲ. ①陵墓－介绍－中国②出
土文物－介绍－中国 Ⅳ. ①K87

中国版本图书馆CIP数据核字(2014)第085426号

陵墓遗存：古代陵墓与出土文物

主　　编：肖东发
作　　者：王金锋
责任编辑：王敬一
出版发行：现代出版社
通信地址：北京市定安门外安华里504号
邮政编码：100011
电　　话：010-64267325 64245264（传真）
网　　址：www.1980xd.com
电子邮箱：xiandai@cnpitc.com.cn
印　　刷：汇昌印刷（天津）有限公司
开　　本：710mm×1000mm　1/16
印　　张：9.25
版　　次：2015年4月第1版　2021年3月第4次印刷
书　　号：ISBN 978-7-5143-2362-7
定　　价：29.80元

党的十八大报告指出："文化是民族的血脉，是人民的精神家园。全面建成小康社会，实现中华民族伟大复兴，必须推动社会主义文化大发展大繁荣，兴起社会主义文化建设新高潮，提高国家文化软实力，发挥文化引领风尚、教育人民、服务社会、推动发展的作用。"

我国经过改革开放的历程，推进了民族振兴、国家富强、人民幸福的中国梦，推进了伟大复兴的历史进程。文化是立国之根，实现中国梦也是我国文化实现伟大复兴的过程，并最终体现为文化的发展繁荣。习近平指出，博大精深的中国优秀传统文化是我们在世界文化激荡中站稳脚跟的根基。中华文化源远流长，积淀着中华民族最深层的精神追求，代表着中华民族独特的精神标识，为中华民族生生不息、发展壮大提供了丰厚滋养。我们要认识中华文化的独特创造、价值理念、鲜明特色，增强文化自信和价值自信。

如今，我们正处在改革开放攻坚和经济发展的转型时期，面对世界各国形形色色的文化现象，面对各种眼花缭乱的现代传媒，我们要坚持文化自信，古为今用、洋为中用、推陈出新，有鉴别地加以对待，有扬弃地予以继承，传承和升华中华优秀传统文化，发展中国特色社会主义文化，增强国家文化软实力。

浩浩历史长河，熊熊文明薪火，中华文化源远流长，滚滚黄河、滔滔长江，是最直接的源头，这两大文化浪涛经过千百年冲刷洗礼和不断交流、融合以及沉淀，最终形成了求同存异、兼收并蓄的辉煌灿烂的中华文明，也是世界上唯一绵延不绝而从没中断的古老文化，并始终充满了生机与活力。

中华文化曾是东方文化摇篮，也是推动世界文明不断前行的动力之一。早在500年前，中华文化的四大发明催生了欧洲文艺复兴运动和地理大发现。中国四大发明先后传到西方，对于促进西方工业社会的形成和发展，曾起到了重要作用。

　　中华文化的力量，已经深深熔铸到我们的生命力、创造力和凝聚力中，是我们民族的基因。中华民族的精神，也已深深植根于绵延数千年的优秀文化传统之中，是我们的精神家园。

　　总之，中华文化博大精深，是中国各族人民五千年来创造、传承下来的物质文明和精神文明的总和，其内容包罗万象，浩若星汉，具有很强的文化纵深，蕴含丰富宝藏。我们要实现中华文化伟大复兴，首先要站在传统文化前沿，薪火相传，一脉相承，弘扬和发展五千年来优秀的、光明的、先进的、科学的、文明的和自豪的文化现象，融合古今中外一切文化精华，构建具有中国特色的现代民族文化，向世界和未来展示中华民族的文化力量、文化价值、文化形态与文化风采。

　　为此，在有关专家指导下，我们收集整理了大量古今资料和最新研究成果，特别编撰了本套大型书系。主要包括独具特色的语言文字、浩如烟海的文化典籍、名扬世界的科技工艺、异彩纷呈的文学艺术、充满智慧的中国哲学、完备而深刻的伦理道德、古风古韵的建筑遗存、深具内涵的自然名胜、悠久传承的历史文明，还有各具特色又相互交融的地域文化和民族文化等，充分显示了中华民族的厚重文化底蕴和强大民族凝聚力，具有极强的系统性、广博性和规模性。

　　本套书系的特点是全景展现，纵横捭阖，内容采取讲故事的方式进行叙述，语言通俗，明白晓畅，图文并茂，形象直观，古风古韵，格调高雅，具有很强的可读性、欣赏性、知识性和延伸性，能够让广大读者全面接触和感受中国文化的丰富内涵，增强中华儿女民族自尊心和文化自豪感，并能很好继承和弘扬中国文化，创造未来中国特色的先进民族文化。

2014年4月18日

传奇墓葬——江陵楚墓越王剑

楚人在江陵的历史繁衍　002

分期明确的江陵楚墓　007

分类齐全的江陵楚墓　013

江陵楚墓的丰富遗物　019

千年不锈的越王勾践剑　034

扬名千古的越王剑　042

辉煌古墓——高句丽墓葬壁画

052　高句丽王朝的千秋兴衰

062　王陵的千载不朽遗风

068　历代王陵各归其主

080　贵族墓葬的珍贵壁画

100　好太王碑和古墓八卦图

古墓奇珍——三大古墓及遗存

睡虎地秦墓的珍贵竹简　108

狮子山下的汉楚王陵　122

风水宝地的北宋皇陵　133

江陵楚墓越王剑

在湖北省江陵县城北的纪南城，即郢都故址的周围，分布有大量楚墓，其年代大约从春秋中期至公元前 278年。

江陵自古人才荟萃，名流辈出。春秋战国时，楚国鼎盛时期的政治、经济、文化中心始终在江陵。

在纪南城内及其外围发现各类楚墓2800多座，其中800余座有多重棺椁的贵族墓和小型的平民墓，内有精美遗物7000余件。

楚人在江陵的历史繁衍

　　江陵又名荆州城，位于湖北省中部偏南，地处长江中游，江汉平原西部，南临长江，北依汉水，西控巴蜀，南通湘粤，古称七省通衢。

　　江陵雨量充沛，土地肥沃，早在四五千年前的新石器时代，已普遍种植稻谷。江陵物产丰富，经济繁荣，至春秋时期，就已经是我国

荆州古城墙

■ 荆州城城门

南方最大最繁华的都会了。

江陵因"以地临江""近州无高山，所有皆陵阜"而得名。因为地理位置重要、自然条件优越而备受世人关注，历来为兵家必争之地。

江陵前身即为楚国国都"郢"，从春秋战国至五代十国，先后有34代帝王在此建都，历时515年。城池由砖城墙、土筑城垣、护城河组成。

楚国是我国历史上春秋战国时期南方重要的诸侯国，楚人是华夏族南迁的一支，最早兴起于汉江流域的丹水和淅水交汇的淅川一带，其国君为熊氏，其全盛时疆域为我国整个南方地区。

楚人的先祖出自帝颛顼高阳氏。高阳为黄帝之孙，昌意之子。颛顼帝后第五代吴回，是帝高辛氏的火正官，主管天火与地火，能光融天下，帝喾命名为祝融。

吴回之子陆终，生有6子，幼子叫季连，芈姓，是楚人的先祖。季连之后叫鬻熊，他是周文王的老

春秋战国 公元
前770年至公元前221年，这时周室开始衰微，只保有天下共主的名义，而无实际的控制能力。而一些边远民族在中原文化的影响或民族融合的基础上很快赶了上来。中原各大国间争夺霸主的局面出现了，各国的兼并与争霸促成了各个地区的统一。

■ 城墙上的楼阁

师，其曾孙熊绎，熊绎以王父字为氏，称熊姓。

周成王分封先王功臣时，封熊绎为楚地的子爵，于丹淅之地建立了楚国。

春秋战国时期，楚国一度强大起来，一路南征，灭掉了随国，迫使随侯投降。熊通因此在前704年自称为王，一路向南征伐江汉地区那些大小诸侯国，最终成为南方的霸主。

公元前689年，楚文王继位后"始都郢"，建城于纪山之南，故名纪南城。楚国崛起于江汉地域，其城市也首先兴起于此。

随着楚国的强盛及向外的扩张，楚国城市也向四周扩展。这些城市成为楚文化远播的桥梁，楚国政治统治的工具，经济文化发展的枢纽，军事扩张的基地，抵御外侵的堡垒。这些城市的兴衰史也是楚文化的兴衰史。

楚国的城市见于文献记载的不下200座，是诸侯列国中城市最多的国家。楚城是楚国的一个重要组成部分，是楚国历史文化的具体体现。

公元前223年楚被灭于秦国。在浩瀚历史长河中，楚国先人用自己的勤劳与智慧创造出了无数令世人瞩目的灿烂楚文化。

荆州古城地处连东西贯南北的交通要塞，历来均

春秋五霸 春秋时期指从前770年至前476年，在这290多年间，社会风雷激荡，烽烟四起，战火连天。初期诸侯列国140多个，经过连年兼并，到后来只剩较大的几个。一些强大的诸侯国争做霸主。《史记》称先后称霸的齐桓公、宋襄公、晋文公、秦穆公和楚庄王为"春秋五霸"。

为兵家必争之地，荆州城屡毁屡建，现在的荆州古城最后一次修建是在清朝顺治年间，依原址而建，保存至今，是我国南方不可多得的完整古城。

春秋五霸、战国七雄，楚国均居其一。国力最强盛的时候，楚国领土几乎涵盖了半个中国。

自公元前689年楚文王迁徙到郢都，至公元前278年秦将白起攻克郢都，历时412年，郢都一直是楚国政治、经济、文化中心所在，也是当时南方最大的都会。当时的繁荣景象为"车毂击，人肩摩，市路相排突，号为朝衣鲜而暮衣蔽也"。

江陵城是楚文化的发祥地之一。秦灭楚后，成为历代封王置府的重镇。江陵城也是著名的三国时期古战场，历史上"刘备借荆州""关羽大意失荆州"等脍炙人口的三国故事都发生在这里。

传说三国蜀将关云长镇守荆州，忽遇9位仙女下凡。传王母娘娘旨意，说荆州刀兵动得太多，要收回

■荆州古城墙一角

■ 古城墙

置于神地，不准凡人争夺。

关公忠于其兄不让荆州，于是想了一个计策，对仙女说："你们在西北，我在东南，各筑一城，城周五千步，天黑始，鸡鸣止，谁先筑好，谁就管理这个地方。"

九仙女用衣裙兜土，关公伐芦苇筑城。关公城就，九仙女城差一隅，鸡尚未鸣。关公振动鸡笼，公鸡啼鸣，九仙女羞愧地上天去了。这就是现在荆州城北门外九女冢的来历。

阅读链接

战国后期，在秦国日益富强的同时，楚国却走向衰落。公元前278年，秦将白起先后攻入鄢郢与纪郢，尽毁都城，史称"白起拔郢"，楚顷襄王只得北逃城阳。

楚在纪南城建都近400年，西汉初曾在此封有两代临江王，但为时不长。

江陵建都的第二个高潮始自东晋，终于南北朝，先后有晋安帝、齐和帝，梁孝元帝短期移都于此，这几个朝代领域广大，江陵成为当时我国南方仅次于今南京的第二政治中心。

公元前554年，西魏破江陵城，梁孝元帝自焚，江陵又遭受一次浩劫。

分期明确的江陵楚墓

江陵楚墓是东周时期的楚国墓葬，史籍记载此处原为楚国郢都所在地。楚以外的诸侯国家的墓葬，无论从规模、数量、密集度，还是保存的完整性，比起江陵楚墓来都显得逊色不少。

■楚墓内的铜车马

在古楚国郢都纪南城西北方向的望山和沙塚地带，有一大片地下墓葬，其中雨台山的地表土下有500余座中小型墓。在江陵，像雨台山这样的墓地已发现30多座，楚墓数量之多可见一斑。

雨台山是一条由西北向东南走向的山岭，属纪山余脉。在它的南部，是一片稻田和岗地，558座楚墓便密集地分布在这里。

在这里的楚墓级别不高，基本上都是下层贵族和平民的墓，但却有近900座墓葬，是湖北省发现楚墓最多的楚墓群。

这批楚墓的建造时间自春秋中期至战国晚期前段不等，不仅数量多，而且跨度也很长，达400余年。随葬器物5000余件。有组合齐全的陶器、铁质生产工具、青铜器、精美绝伦的玉器和漆木器，还有竹器和丝麻织物。

■ 楚墓墓坑

在楚国故都纪南城东北地区是一片绵延起伏的丘陵岗地，在丘陵西部边缘处的施家洼和西南的范家坡东边，密集分布着九店楚墓东周墓群。

九店墓地西南距纪南城1.2千米至1.5千米，南距江陵县城约8.5千米，北距九店约2千米。

在九店墓地20多万平方米的广大范围内，共有墓葬597座，分为甲、乙两组。

■ 楚墓骨骸

其中，甲组墓19座，下葬年代始于西周晚期止于春秋中期偏晚，属于周文化的江汉类型；乙组墓578座，下葬年代始于春秋中期偏晚，止于战国末期，多数属于典型的楚人墓葬，极少数巴、越、秦人的墓葬夹处其间。

墓葬东北面紧靠长湖，长年累月湖水不断地吞没墓室上的封土和墓室内的填土。

其中编号为"天星观1号墓"的墓口平面、封土青灰泥堆积底部，有规整的盗洞口。洞内遗弃了一批铁质盗墓工具和陶器。从遗迹和遗物来看，盗墓年代大约在战国晚期。

"天星观2号墓"墓坑残长9.1米，宽8米，深至椁垫板底部4.5米。墓道残长5.28米，北部宽3.9米，南部

巴　即我国古代的巴国，字面意思是大蛇国，在先秦时期位处中原西南面、信封盆地东部的一个国家，国都为江州，即今重庆渝中区。始于先夏时期，于夏初加入夏王朝，成为其中一个诸侯国，在周武王伐纣时有功，被封为子国。因首领为巴子，而叫"巴子国"，简称"巴国"。

钵 洗涤或盛放东西的陶制的器具。也指比丘六物之一，又称钵多罗、波多罗、钵和兰等。意译应器、应量器。即指比丘所用的食具。钵的颜色，应熏为黑色或赤色。钵的形状呈矮盂形，腰部突出，钵口钵底向中心收缩，直径比腰部短。

■陪葬墓坑

宽3米。葬具为二椁二棺。

2号墓中有数量众多、制作精美的古代遗物，包括青铜器、漆木器、竹器、骨角器、玉石陶料器、银器、丝麻织品和皮革等，共计1430件。

荆州地区的楚墓属于纪郢区。中心地域是以纪南城为中心的数十千米的范围。在这里有墓葬40多处，每一处墓葬分布均很密集，有的一处就可达万座以上，数十处估计总数多达数十万座楚墓。纪南城四周的楚墓最为密集，已发现3000余座。

楚墓形制清楚，墓具完整，有大量的随葬器物，其组合关系和演变情况有一定规律可循，江陵楚墓可分为春秋、战国两大阶段，每一阶段又可分为早、中、晚期。

第一批保存较好的423座墓葬，可以分为6期。

第一期为春秋中期，共9座墓，其中无椁无棺墓两座、单棺墓7座。

第二期为春秋晚期，共65座，其中单棺墓56座、一椁一棺墓9座。

第三期为战国早期，共115座，其中无椁无棺墓6座、单棺墓45座、一椁一棺墓54座，另有10座墓的棺椁形制不清。

第四期为战国中期前段，共139座，其中一椁一棺墓118座、单棺墓20座、一椁重棺墓一座。

第五期为战国中期后段，共56座，其中无椁无棺墓一座、单棺墓24座、一椁一棺墓27座、一椁两并棺墓两座、棺椁形制不清墓两座。

第六期为战国晚期，共39座，其中，一椁一棺墓15座、单棺墓22座、一椁重棺墓一座、棺椁形制不清墓一座。

战国中前期的墓葬最为丰富，这也正是楚国最强盛的时候。至战国中后期，随着秦国的不断打击，楚国开始走向了衰落，这里的墓葬也逐渐减少。

春秋时代的墓比战国时代的少，尤其是春秋早期和中期的更少，并且以小型墓居多，随葬品以实用陶器为主，组合主要为鬲、钵、豆、罐。

春秋晚期主要为鬲、钵、长颈壶。这里的长颈壶很有特色，为其他地区所少见。

■鬲 我国古代煮饭用的青铜炊器。铜鬲最初是依照新石器时代已有的陶鬲制成的。其形状一般为口沿外倾，有3个中空的足，便于炊煮加热。铜鬲流行于商代至春秋时期。商代前期的鬲多无耳。西周前期的鬲多为高领，短足，常有附耳。西周后期至春秋的鬲大多数为折沿折足弧裆，无耳；有的在腹部饰以觚棱。

楚墓随葬品铜敦

陵墓遗存

古代陵墓与出土文物

敦 我国古代用
来盛放黍、稷、
梁、稻等饭食的
器皿，由鼎、簋
的形制结合发展
而成。后来逐渐
演变出盖。常为
三足，有时盖也
能反过来使用。
产生于春秋中
期，秦代以后渐
趋消失。

战国以后随葬品以陶器为主，种类和数量均较丰富，战国早期已较多地用鼎、壶或敦一类的仿铜陶礼器陪葬。战国中期以后，小墓多使用一套陶礼器等级稍高者在两套以上。

总之，荆州江陵的楚墓下葬时间非常明确，随葬品的年代也较易辨认，这些特点为我国的历史文化研究提供了重要的实物证据。

阅读链接

1965年秋天，湖北省荆州地区开始修建漳河水库，不久，工人们就在楚国郢都纪南城西北方向的望山和沙塚地带发现了一大片地下墓葬，从此掀开了对江陵望山楚墓发掘的序幕。

1975年的深秋，江陵县政府开始了龙桥河改道工程。然而工程一开工，在地表土下就暴露出了500余座中小型墓。

1986年，为修建荆沙铁路工程，湖北省博物馆以及原江陵县文物局的工作人员又在这里发掘楚墓300余座。

分类齐全的江陵楚墓

　　荆州江陵的楚墓不仅数量多，而且类别全，既有上层贵族墓，也有中、下层贵族墓，还有一般平民，甚至奴隶的墓，这在其他地区是少见的，可谓其一大特色。

　　中层和上层贵族墓多为有封土的大中型墓，距纪南城较远。境内

■ 战国时期墓冢

有封土的墓可分为7个墓片区。

一是八岭山片区。八岭山在纪南城正西，为南北走向的长蛇形。在《江陵县志》中记载：

崇岭八道，蜿蜒若游龙，获云龙山也。

这一片区共有封土墓300座左右。在八岭山的每座山头上，几乎无处不有大小古冢。

二是纪山片区。纪山在纪南城北，正在江陵与荆门市交界之处。纪山之巅，有一个纪山寺，正对纪南城。这一片区包括荆门市境内的很多古冢，范围含纪山西南，即纪南城西北的藤店、裁缝店一带。

纪山寺四周和八岭山一样，也是古冢林立，江陵和荆门加起来，整个纪山的大小楚墓共有近400座。封土墓主要集中在纪山寺以南江陵境内。

陵墓遗存

古代陵墓与出土文物

■丘陵土岗墓

■ 古墓墓道

　　三是双冢、川店片区。此片区在纪南城西北，正当荆门、江陵、当阳三地交界之处。这一片区基本为南北走向的山冈，北端较高，蜿蜒向南逐渐低矮，在山冈上共有封土墓近百座。

　　四是雨台山片区。在纪南城正东500米左右，在其西、南、东三面为长湖的港汊环绕，北面是平原。此处，为略隆起的丘陵土岗，大小墓葬均分布在岗地上，有封土墓100多座。

　　五是孙山片区。在纪南城东北，包括封土墓的岳场、九店、董场等一些丘陵岗地。此片共有封土墓数十座。

　　六是观音垱片区。在纪南城东南，有封土墓的大多分布在长湖南岸的高地，共有近20座，其中有像

封土　一般情况下，墓穴都在地表以下，但通常下葬后并不是再把土填平成跟地表一样平，而是在上面做一个高出地面的一个土丘。对于普通老百姓而言，这个土丘就叫作坟头。而对于帝王，由于这个土丘往往很大，而且很气派，为表示出帝王的身份，专称为封土。

古代陵墓与出土文物

■ 棺椁 指棺材和套棺，也指棺材。红色棺椁亦作"棺郭"，是装殓尸体的器具。椁，套在棺外的外棺，就是棺材外面套的大棺材。一般说来，棺材是一种统称，棺椁则显示了死者的地位。它可以由不同的物料制造，最常见的以木制造。亦有以铜、石等制造的棺材。木棺最早出现于我国新石器时代的仰韶文化时期，主要用于氏族中之头领。

"天星观1号墓"这样的重大发现。

七是拍马山片区。此片在纪南城南，土冢分布在平地中略突起的高岗上，不很集中，共有大小封土墓20座左右。

这些有封土的楚墓大多身份较高，椁多室，棺多重层，有丰厚的随葬品，有的可能是级别相当高的贵族墓。

下层贵族与平民墓多为有封土的小型墓或没有封土的墓，距纪南城较近，尤以纪南城四周5000米的范围内较密集。

中上层贵族大多会在城外选择风水宝地并大兴土木，而下层贵族和平民没有这样的条件，只能就近简单埋葬。所以，中上层贵族墓离纪南城较远，而下层贵族和平民墓却大多离城较近。

纪南城四周已发现30多处墓地，最近的距纪南城不到1000米，如城北武昌义地，距城外仅300米；城东雨台山秦家嘴距城也不到1000米。次近的墓距城在2000米范围内，稍远的距城在5000米范围内，更远一些在10000米范围外。

据统计，这些墓地已发现的楚墓已达5000余座，其中楚墓最多的是雨台山墓地，其次的是九店墓地，再次是张家山墓地，其余各地由几座至数十座不等。

这些墓地，除雨台山个别墓有封土以外，其余基本都没有封土。因此在地面上看不出任何痕迹。

江陵楚墓贵族墓均有大型封土堆，墓坑有台阶和斜坡墓道，椁多室，棺多层。

白膏泥 学名叫作微晶高岭土，是一种纯净的黏土，非常细腻，粘性大，较湿润，渗水性小，潮湿时呈青灰色，故称青膏泥，晒干后呈白色或青白色，故又称白膏泥。主要成分是铝和硅的氧化物。白色或灰白色粉末，是陶瓷工业和其他化学工业的原料。其粘性大，分子紧密，有很强的防腐功能。

017

■ 一椁三棺

其中，"天星观1号墓"封土残高7.1米，墓口长41.2米，宽37.2米，斜坡墓道长18.8米，从墓口至椁盖板深8.9米，墓壁有15级台阶，这些规模体现了墓主人崇高的地位和身份。

葬具为一椁三棺，棺椁均保存完好。整个椁室由隔板或隔樑分隔为5大室、7小室，长8.20米，宽7.50米，深3.16米。其中南室两间、东室两间以及北室、西室、中室。东边设有乐室、西边设有兵器室。

整个棺椁用木材约150余立方米。椁的四周填白膏泥，室间用整木料垒成隔墙。椁内三棺层层套合。

一般士和平民的墓规模较小，都是土坑竖穴，无封土和台阶，多为一棺一椁或单棺无椁。一棺一椁的墓，有的在椁室内棺首或棺侧留有空隙，放置随葬品，习称头厢或边厢。

木棺有3种形制。第一种为长形弧棺，即盖板与两侧棺板都为弧形的，底板不落地；第二种盖板与两边壁板都为平直的，底板亦不落地；第三种为长方盒状棺，但很少见。棺内一般有竹席裹尸，死者为仰身直肢。

"马山1号墓"死者衣衾保存完好，面部还有覆盖之物，双手各握有一卷绢团，即所谓"握手"，这些都反映了当时的葬俗。

阅读链接

1978年，当时江陵九店公社砖瓦厂，正在生产取土的过程中，一些墓葬显露了出来。于是，继雨台山楚墓群的发掘之后，又一大型楚墓群逐渐披露。和雨台山楚墓为配合铁路建设所进行的急速抢救性的发掘不同，九店楚墓的发掘工作自1981年正式开始，至1989年底才告一段落，整整用了近10年时间。

当时观音垱公社五山大队北部的长湖沿岸自东向西排列着5座土冢。据当地人讲，明清时期，人们曾在5座土冢中最大、最东的一座冢上建过天星道观。墓葬东北面紧靠长湖，长年累月湖水不断地吞没墓室上的封土和墓室内的填土。

江陵楚墓的丰富遗物

在我国北方，由于气候、土质、水位和埋葬方法等因素，墓葬的棺椁及部分有纤维质的随葬品，都保存不好甚至没有保存下来。但是，江陵楚墓却完整地保存了下来。

江陵楚墓完整地保存着大量青铜器、陶器、竹简、帛书、帛画等。楚墓随葬品品类齐全，很多青铜器上的铭文甚至清晰可见，有的陶器连封泥、印章也有留存。当一些漆木、竹器、丝麻织品等则仅见于楚墓。

江陵楚墓中的青铜器占遗物总量的30%左右，器类涵盖了楚国时青铜器的大部分器类，不仅反映了该墓葬的等

楚墓出土的青铜器皿

■楚墓内镂空凤纹铜镜

级和葬俗，更体现了楚国精湛的铸造工艺和灿烂的文化特色。

在江陵楚墓当中，青铜礼器多出自中等以上的贵族墓，主要有鼎、敦、尊、盏、壶、缶、盥缶、杯、盘等。

青铜龙纹镂空杯发现于江陵九店东周墓，口径0.122米，底径0.103米，通高0.147米，重0.77千克。整件器物呈上大下小的圆筒状，口微侈，斜直壁，外底有三兽蹄足，内侧有凸榫，圆形镂空平底置于器内凸榫上。杯外壁上下分别饰以错银装饰的带形二方连续勾连夔龙纹。

镂空杯中部由6组对称的镂孔夔龙纹图案组成，每组对称排列，龙头相对，身体蜷曲，姿态生动，其上铸有细密的三角卷云纹和鳞片纹。

镂空凤纹铜镜直径0.11米，整镜构图精巧，形象生动。镜面与镜背是用两种合金成分不同的青铜分铸，再合为一镜。背面为"三弦钮"，圆形钮座，斜边，窄平缘。镜背自然分为四区，每区各饰一组对称镂空凤纹图案，每组两凤躯体呈蜷曲形，曲线自然、柔和。

镂空凤纹铜镜以圆形小镜钮为中心，按十字将文饰分为4个单元。每个单元由一对头相对、身体弯曲、尾部向外翻卷的凤鸟组成。

每两只凤鸟之间的中部和尾部又以卷云纹相连，使整个画面浑然一体、构图匀称。因为是镂雕，故立体感特别强烈，有极强的艺术感染力。

镂空凤纹铜镜高冠回首，体态活泼，两凤之间颈、翅相连，成双成对翩然飞舞。凤身饰有精美的羽毛纹饰。

带钩是束腰带上的钩扣。在楚国的贵族们看来，带钩不仅仅是服装的饰物，也是身份和地位的象征。江陵望山1号墓中有一件带钩，弧长0.462米，宽0.065米，如此大的带钩，在先秦诸国的带钩中可算是绝无仅有的。

在江陵楚墓中还发现一架大型青铜编钟组合。大多数纽钟集中堆放在东室的南部，镈钟则按大小有序

■ 勾云纹龙首带钩

镈钟 我国古代一种大型单体打击乐器，青铜制。形制如编钟，只是口缘平，器形巨大，有钮、可单独悬挂在钟悬上，又称"特钟"。始见于殷末，盛行于东周。史籍记载，它应当是用来指挥乐队、控制整体节奏的乐器。贵族在宴飨或祭祀时，常将它同编钟、编磬相配相和，以槌叩之而鸣。

■ 春秋战国时期楚墓陪葬木俑

镇墓兽 我国古代墓葬中常见的一种怪兽,有兽面、人面、鹿角,是为镇慑鬼怪、保护死者灵魂不受侵扰而设置的一种冥器。《周礼》记载说,有一种怪物叫魍象,好吃死人肝脑;又有一种神兽叫方相氏,有驱逐魍象的本领,所以家人常令方相氏立于墓侧,以防怪物的侵扰。

地直接放置于椁室底板之上,另有几件小型纽钟悬挂于钟架横梁上。

东周时期,随着楚文化的崛起,雕塑艺术异彩缤纷,不仅出现了大量装饰性艺术精品,而且出现了镇墓兽、虎座立凤、木俑等大批专门性雕塑物品。

江陵楚墓中的虎座立凤,又称虎座飞鸟、虎座鹿角鸟,是楚文化具有标志性的物品。圆雕施彩,多为木质,也有少量的陶胎,以伏虎为底座,昂首展翅的凤鸟立于虎背,凤背插一对麋鹿角,雄奇神妙。关于它的意义,有山神、引魂升天神之说,也有说是凤神飞天的。

楚墓中的人物雕塑主要有木俑、人形器座及小型佩饰等。以雕塑的人俑代替活人殉葬在东周时代比较普遍。而中原诸国则多为陶俑,而楚国的木俑自有其特色。

荆楚木俑多出自贵族楚墓,有侍俑、乐俑、炊厨俑和武士俑。多整木雕塑,有的为榫卯结构。

立俑一般高度在0.5米上下,跪坐俑高度在0.3米左右,俑的形象多为平顶、瓜子脸,有的加丝质假发或用真人头发。圆雕彩绘,有的着衣佩饰,还有的身上书有文字。

江陵武昌"义地6号"楚墓的一对木雕彩绘侍俑，木俑正面各绘有两串长长的佩饰，对称地分列左右。木俑高0.566米，头与身为整木雕塑，足部以榫卯结构另外安装。一件双手是交叠胸前，另一件双手是安装上去的，作捧物状，长颈细腰，体态秀雅。

着衣俑以江陵"马山1号"楚墓的彩色着衣木俑最佳。共有四件，高矮、大小、体态、容貌、服饰等基本相同。

其中 件女性木俑，身高0.596米，身上的绢衣保存最好，整木圆雕，无手脚，面、颈绘肉红色，乌发后梳，双唇朱绘，眼睛传神，身着曲裾锦绣绢袍，细腰束带，袍裙曳地，色彩鲜艳。

另外还有一件持剑武士木俑，身着小袖短衣，衣长及膝，裹腿，威武雄壮。

楚人崇鹿，战国时代流行鹿角饰和木雕鹿。如镇

■ 楚墓中的木雕彩绘侍俑

墓兽、虎座立凤，大多插有麋鹿角，许多器物也绘饰鹿纹，而且独立的木雕鹿数量也较多。

江陵拍马山楚墓的木雕彩绘带鼓卧鹿或卧鹿鼓，身长0.33米，通高0.28米，做侧卧状，四足内蜷，头插双鹿角，向左侧视，全身饰梅花斑纹。后背立一小木鼓，鼓径0.04米，厚0.03米。这是一种造型奇特的乐器。

我国最早的根雕作品发现在荆楚。江陵"马山1号"楚墓发现根雕辟邪一件，依据树根自然成形，圆雕彩绘，整体为一长形弯曲的龙形，全长0.69米，高0.31米至0.4米，圆身，高足，卷尾龙首，目、耳、鼻、嘴、须、齿俱全，面目狰狞。

在漆木雕塑艺术品中，荆楚彩绘动物座屏别具一格。在众多的彩绘木雕座屏中，以江陵"望山1号"楚墓的彩绘动物雕屏最有代表性。

该雕屏长0.518米，宽0.12米，高0.15米，雕屏四周为长方形彩绘框架。雕屏底座中部悬空，两端着地，宽实厚重。整个座屏是凤、鸟、鹿、蛙与蛇搏斗场面。

屏座水域是蛇的天下，有二鸟为蛇所困。屏内偏下，蛇吞蛙咬鹿，鹿双双奔腾，两组

■ 曾侯乙墓铜鹿角立鹤

陵墓遗存

古代陵墓与出土文物

凤鸟奋起啄蛇。

底座与屏内内容相连，融为一体，造型复杂，井然有序，50多个动物生死搏斗，场面极为壮观，充满了神奇浪漫的色彩。

楚人生活在一个漆

器的王国中，生时使用的日常生活实用器具和娱乐用品多是漆品，死后丧葬用品也多为漆品。

我国发现最早的夹苎胎漆器实物出自楚墓之中，有一件彩绘漆盘，为夹苎胎漆器，器内外均黑地朱绘各种云纹和凤鸟等花纹图案。

江陵望山楚墓的彩绘漆鞘，是一件十分轻巧的夹苎胎漆器，漆鞘全身裸黑漆，朱绘花纹，在鞘的一端绘有云纹和凤纹。

此外，还有皮胎、竹胎、金属胎、陶胎以及丝麻织品髹漆物等。

楚国的竹胎漆器以竹编织物最为精致，是楚人的日常生活用品之一。楚国的竹编织物在许多楚墓中都有发现，其中髹漆竹器有竹扇、

■ 九连墩楚墓群出土的漆器

座屏 指带有底座而不能折叠的屏风。古时常用它作为主要座位后的屏障，借以显示其高贵和尊严。后来人多设在室内的入口处，尤其是室内空间较大的建筑物内，进门常用大型的座屏作陈设，起遮掩视线的作用，也即现代所称的地屏。有木制座屏、瓷板座屏、竹制座屏和藤制座屏。

小型竹笥、圆竹筒等。

其中，竹扇制作精细，保存完好，色泽如新，扇面成梯形，经篾红色，纬篾黑色，用三经一纬的细篾编织而成。

楚国漆器中，彩绘漆器占有相当大的比重。如雨台山楚墓有272个漆耳杯，没有纹饰的素面耳杯只是少数，绝大多数是彩绘耳杯，耳杯上的纹饰颜色有金、黄、红等。

江陵望山楚墓的耳杯上有白色的花纹，彩绘木雕座屏上的彩绘花纹色有红、绿、金、银等多种，其中绿色甚为鲜明。

雨台山楚墓中的漆器以黑、红漆为底色，一般在器表髹黑漆，器内髹红漆。表明当时楚国的漆工艺中，已经采用了多种颜色的色漆。要获得有色漆，必须与植物油配合使用。

楚漆器反映的主要对象不出乎自然与神怪。楚人崇尚自然，对自然界生命的运动、自然界的万物和谐都具有强烈的赞美之情。

因此，楚国艺术家通过雕塑造型的手段逼真传神地摹写自然界的生灵，大至鹿、虎，小至蛇、蛙都是他们表现的对象。这些形象以形写神，栩栩如生。

楚人是相信天地万物皆有神存在的泛神论者，因而神灵也成为他们造型艺术形象的主要对象。他们的神的形象是对自然生灵的另一种方式的表现。

装饰性的纹饰多为龙凤纹和云雷纹，龙凤是楚艺术的母体。楚漆器上的凤纹变化多端，具有高度的抽象性。有些凤纹甚至有符号化了的凤头或凤尾纹。

在楚漆器的装饰中，云雷纹占有重要地位。楚漆器上的云雷纹舒云漫卷、灵活自如。江陵雨台山楚墓有彩绘云雷纹木梳和彩绘云雷纹蛇。

楚漆器上的漆绘内容客观反映了当时楚国的宗教

云雷纹 是我国古代青铜器上一种典型的纹饰。最基本特征是以连续的"回"字形线条所构成。有的做圆形的连续构图，单称为"云纹"；有的做方形的连续构图，单称为"雷纹"。云雷纹常作为青铜器上纹饰的底纹，用以烘托主题纹饰。也有单独出现在器物的颈部或足部的。

■ 古青铜器上的云雷纹

陵墓遗存

古代陵墓与出土文物

■ 楚墓内的羽人漆器

生活与社会生活。如信阳"长台关1号"墓中的彩绘瑟上的巫师图、燕乐图、狩猎图等。

在江陵"天星观2号"楚墓当中，漆木器多为楚墓中常见的器形，但也有数件新器形。其中一件叫"羽人"的漆器非常有特色。

这件羽人漆器是楚墓中的唯一发现。它通高0.655米，人高0.336米，翅展0.34米，由蟾蜍状器座、凤鸟和羽人三部分组成，蟾蜍匍卧，羽人上身外裸，体型肥胖，人面鸟喙，鸟爪形足踏于凤鸟之上，凤鸟为展翅飞翔状。

全漆器通体黑漆为底，用朱红、黄、蓝等色绘制花纹。此器是一件构思奇特、想象丰富的罕见漆器艺术品。

这件器物反映的可能是楚人与凤鸟的亲密关系，该器物是人和凤鸟彼此转型的造像，人们可以转化成凤鸟或通过凤鸟而飞至天界，也可能是巫师进行祭祀时使用的法器，或者是楚人心目中女娲的形象，或者是三苗后裔雕刻的颛顼神像。

江陵楚墓中常有丝织品发现，而且往往保存完好。江陵"马山1号"楚墓中有各类衣物35件，其中有刺绣的衣物有21件。这些衣物由8个品种的丝织物制成，另在4件竹笥中装有12个品种的452片丝织物碎片。

其中，有裹尸的衣着15件，丝衾4床。其他包括绣、锦、罗、纱、绢、绦等多种品种，质地精良，保存完好。

衣被上用朱红、绛红、茄紫、深赭、浅绿、茶褐、金黄、棕黄等色彩的丝线绣出或织出对称的蟠龙、凤鸟、神兽、舞人等与几何纹相间的各种图案，色彩柔和，显示出楚国纺织业已达到相当高的工艺水平。

最能反映当时丝织技术水平的织物是锦。锦是一种经线提花织物，在古代要具有高级身份的人才能穿着锦衣、锦衾和锦帽。

锦的提花技术是相当复杂的。花纹越大，技术也越复杂。楚墓中有大量彩锦，江陵"马山1号"墓的锦最多，不同花纹的就有10余种，充分说明当时已有了先进的提花织机和熟练的织造技术。

楚国丝织品的色彩，以红色、棕色为主，这与楚人崇尚火的风俗相一致。仅江陵"马山1号"墓的丝织品的色彩，就有深红、朱红、橘红、红棕、深棕、棕、金黄、土黄、灰黄、绿黄、钴蓝、紫红、灰白、深褐、黑等。

■ 真丝织锦大褂

竹笥 是用以盛放衣物书籍等的竹制盛器。形状如同我们常见的长方形小箱。凡鲜干食物、日常用品，乃至衣着巾饰等都可以盛放。笥多以竹篾、藤皮、苇皮编织，也兼用荆条。制作有精有粗，或髹漆或素面。讲究的笥，还用夹纻胎，外髹漆彩绘，内衬绫罗为里。一般人家都为粗篾编织，杂放什物。

■ 马山楚墓出土的
服装

"马山1号"楚墓中的一件绦带上的田猎纹是一个完全写实的纹样，描写的是贵族进行田猎活动的场面。田猎纹绦用棕色、土黄、钴蓝色相间织出两人御车追逐猎物、奔鹿仓皇逃命、武士执剑与盾搏兽等戏剧性的生活场景。

另一件具有代表性的编织纹丝织品是"马山1号"墓的动物舞人纹锦，花纹由7组不同的动物和舞人构成，其中长袖飘拂的歌舞人物、长尾曳地的峨冠凤鸟，以及两组姿态不同的爬行龙，都显得意趣盎然。

此外，江陵"马山1号"墓还发现许多保存完好的刺绣品，刺绣题材以动物、植物为主，而动物中又以龙、凤为主，刺绣品花纹有10多种。包括蟠龙飞凤纹绣、舞凤舞龙纹绣、花卉蟠龙纹绣、一凤二龙相蟠纹绣、一凤三龙蟠纹绣、凤鸟纹绣、凤鸟践蛇纹绣、

■ 楚墓内的车马坑
遗址

舞凤逐龙纹绣、花卉飞凤纹绣、凤龙虎纹绣、三首凤鸟纹绣、花冠舞凤纹绣、衔花凤鸟纹绣、凤鸟花卉纹绣等。

在龙、凤纹绣主题之外，有的纹样还有虎。动物纹样伴以花草、枝蔓，或为纹样的有机组成部分，或作为纹样的间隔、填充，表现了自然界的生机与和谐。

在江陵九店楚墓104号墓北3.7米处，有车马坑一座。车马坑与104号墓处于南北向的中轴线上，当为其陪葬坑，坑内葬车两辆，马4匹。

坑为长方形竖穴土坑，方向正南北。车辕、马头向北。坑长5.9米，宽3.9米，深0.8米。

坑底挖有半圆形轮槽4个，放置车轮。车位是木制的，鬃褐色漆，均已朽，只存痕迹。其中2号车痕保存较好，剔剥后结构较为清楚，车为单辕两轮。

■ 竹简 指战国至魏晋时代的书写材料。是削制成的狭长竹片或者木片，竹片称简，木片称札或牍，统称为简，现在一般说竹简。均用毛笔墨书。册的长度，如写诏书律令的长约67.5厘米，抄写经书的长约56厘米，民间写书信的长约23厘米。竹简多用竹片制成，每片写字一行，将一篇文章的所有竹片编联起来，称为"简牍"。它与甲骨文、敦煌遗书、明清档案一同被列为21世纪东方文明的四大发现。

■ 楚墓中的青铜剑

卜筮 指我国古代用龟甲、蓍草等工具预测某些事项，不同的时代使用的方法有所不同，历代也有创新，是利用一些无生命的自然物呈现出来的形状来预卜吉凶。古人认为，经过神圣的求卜过程，那些自然物也就获得了神圣的象征意义，它们呈现出来的形状不是人为的结果，而是神灵和上苍的赋予，是神灵的启示或告诫。

在江陵九店楚墓中，有5座楚墓共发现竹简约700枚，其内容一般为遣策、祷辞或卜筮记录之类。竹简经破竹修削而成，黑褐色。

"九店56号"墓中的竹简近于云梦秦简中的《日书》，主要为选择吉凶日之类的记载。这批楚简的发现说明选择时日吉凶的书籍早在战国时期的楚国就已经流行了。

在江陵天星观楚墓也发现了很有价值的铭文以及大量的竹简。简文共计450字，字迹大部分清晰，多次记录为"邸阳君番乘力"，而且全部简文内容没有出现一处是为他人占卜的。

楚国历法以大事记年，秦客公孙鞅使楚，是楚国这一年中外交活动的重大事件。简文中"秦客公孙鞅"的年代应是商鞅在秦受封之前，即公元前361年至公元前340年。

此外，结合墓中的竹简和随葬器物推测，墓主人生前可能是一位武官，爵位当为上卿，官职在令尹、上柱国之列。

在江陵楚墓当中，尤以青铜兵器品种全，制作精致，常见的有剑、戈、矛、戟、镞等，以剑为最多，凡成年男性几乎都用剑随葬，贵族墓中随葬铜剑尤多，如"天星观1号"墓随葬铜剑达32件。

许多重要的吴越兵器相继出于楚墓，是列国争霸的重要反映。佩剑在各阶层之广，是他国无法比拟的，体现了楚人的尚武精神。

江陵的一般楚墓中都有兵器，其中尤以青铜剑为最多，占随古荆州兵器总数的35%左右。其中，有20多座小墓，其他随葬品一无所有，唯独都随葬一把青铜剑。

江陵张家山楚墓最出名的是勾践之子所用的"越王鹿郢剑"和"越王勾践剑"，它们被并称为"越剑双绝"。

商鞅（？—前338年），我国战国时代政治家、改革家、思想家，法家代表人物。卫国国君的后裔，姬姓公孙氏，故又称卫鞅、公孙鞅。后因在河西之战中立功获封于商十五邑，号为商君，故称之为商鞅。商鞅通过变法改革将秦国改造成富裕强大之国，史称"商鞅变法"。

阅读链接

1999年秋冬季节，江汉平原久旱无雨，造成长湖在2000年的初春出现了几十年少见的下降水位，原来波涛浩渺的长湖显露出一个个滩涂。

一天傍晚，北风呼啸，寒气袭人。天星观村一组的吴于福来到长湖岸边放鸭子，忽然看见一伙人鬼鬼祟祟。吴老汉心生疑虑，大喊一声："你们想干什么？"

那伙人见有人，立即溜掉。

第二天一早，吴老汉迅速将情况报告给村主任张永福，张永福又立即向文物主管部门报告。荆州博物馆的考古专家赶到现场，果然发现一个刚刚被盗掘过的大型古墓葬。考古工作者立即对古墓进行了抢救性发掘。因为这里距"天星观1号墓"不远，所以被编号为"天星观2号墓"。

千年不锈的越王勾践剑

　　江陵的"望山1号"墓葬是江陵楚墓中规模最大的一个，内有许多珍贵的礼器、用器和大量的兵器，可见墓主人很可能是一位能征善战的男性贵族。

青铜宝剑

■ 越王勾践剑

在他的陪葬物品当中，最引人注目的是4把保存良好的青铜剑，其中刻满花纹的一把尤为特殊，这就是传说中神秘的越王剑。

我国古代冷兵器在世界兵器史林中占有重要的地位。悠远的华夏历史文明星河中，曾有一个宝剑最为辉煌的时代，即春秋战国时期。无数光耀千秋、彪炳史册的传奇宝剑都诞生在这个时代。

作为犀利的战争武器和无上的艺术瑰宝，湛卢、纯钧、巨阙、鱼肠、龙渊、太阿等东周青铜宝剑深深地融入了历史，成为2000多年来我国剑文化精神理念的发祥源头。

江陵"望山1号"楚墓越王剑是一把装在漆木剑鞘内的青铜剑。位于楚墓内棺尸首骨架的左侧。

2000多年后，当这把青铜剑从剑鞘中抽出时，仍

冷兵器 狭义上的冷兵器是指古代火药、炸药或其他燃烧物发明前，在战斗中直接杀伤敌人，保护自己的近战武器装备。广义的冷兵器则指冷兵器时代所有的作战装备。冷兵器的发展经历了石器时代、青铜时代和铁器时代三个阶段。后来火器时代开始后，冷兵器已不是作战的主要兵器。

陵墓遗存

古代陵墓与出土文物

■ 勾践剑身上的鸟篆铭文

绿松石 我国"四大名玉"之一，自新石器时代以后历代文物中均有不少绿松石制品，是有着悠久历史和丰富资源的传统玉石。我国古人称其为"碧甸子""青琅玕"等。我国藏族同胞认为绿松石是神的化身，是权力和地位的象征，是最为流行的神圣装饰物，因此，它被用于第一个藏王的王冠。

然会发出亮眼的寒光。宝剑满身都是花纹，剑柄上缠有丝绸，剑格上镶嵌有宝石，宝石在灯光底下发出绿色的光泽。

如果用16层白纸试其锋芒，宝剑稍一用力便可将纸全部划破。

这把令人炫目的青铜剑长0.557米，柄长0.084米，剑宽0.046米。剑与剑鞘吻合得十分紧密。拔剑出鞘，寒气逼人，而且毫无锈蚀，刃薄锋利。剑首外翻卷作圆箍形，内铸有极其精细的11道同心圆圈，圆箍最细的地方犹如一根头发丝。

这把剑的剑格向外凸出，正面镶有蓝色玻璃，后面镶有绿松石，即便在黑暗中也散发出幽幽的寒光。剑身上还纵横交错着神秘美丽的黑色菱形花纹，精美异常。剑柄以丝绳缠缚。

在这把锋利无比、精美绝伦的青铜剑剑身正面近格处刻有两行鸟篆铭文，共8个字。这种古文字，史称"鸟篆文"，是篆书的变体，释读颇难。仔细分辨为"越王鸠浅自乍用镴"。

宝剑铭文中至关重要的两字王名为"鸠浅"，即"勾践"两字的通假字。因此剑上的8字铭文应该解释为"越王勾践自作用剑"。

我国古代的青铜器，主要为铜与锡的合金，成书于战国时期的《周礼·考工记》中就有"四分其金（铜），而锡居一，谓之戈戟之齐；三分其金而锡居一，谓之大刃之齐"的文字记载。

春秋战国时期青铜剑的合金组成中，铜与锡的含量依制作的年代、地点、原料来源、工艺的不同而不同。一般说来，铜的含量稍高，锡的含量稍低，此外，合金中常常还含有铅、铁等其他成分。

越王勾践剑的含铜量约为83%，含锡量约为17%，另外还有少量的铅和铁，可能是原料中含的杂质。作为青铜剑的主要成分铜是一种不活泼的金属，在日常条件下一般不容易发生锈蚀，这是越王勾践剑不锈的原因之一。

越王勾践剑位于古墓主人的左侧，插在髹漆的木质剑鞘内。这座墓葬深埋在数米的地下，一椁两棺，层层相套，椁室四周用一种质地细密的白色黏土填塞，其下部采用的是经过人工淘洗过的白膏泥，致密性更好。

鸟篆 我国书法中篆书的一种，其笔画由鸟形替代，不仅装饰风格独特，更有深刻的象征意义。以飞鸟入书表达了我国古人所推崇的一种为人之道，候鸟守冬去春来之信，"信"是鸟篆的意义所在。鸟不仅代表守信的人格，也是信息传递迅速的象征，自古有"鸿雁传书"之说，字与鸟同飞当然可以更快地将信息带往遥远的地方。

■ 苏州博物馆展品
青铜剑

■越王勾践（约前520—前465），大禹后裔。春秋末期越国的君主。越王允常之子。公元前496—公元前465在位。吴王阖闾曾于公元前496年被越军所败。阖闾受伤而死，其子夫差立志报仇。勾践于第二年主动进攻吴，越兵大败。越王勾践与大臣范蠡作为人质留在吴国，服侍夫差。勾践在吴三年，卧薪尝胆，时时不忘灭吴雪耻。在此期间，他请人铸造了越王勾践剑。并在回到越国后，大举攻吴，击败吴军，夫差自杀。

加上墓坑上部经过夯实的填土等原因，使该墓的墓室几乎成了一个密闭的空间，这么多的密封层基本上隔绝了墓室与外界之间的空气交换。在完全隔绝氧气的条件下，即使在中性或微酸性的水中，钢铁都不会生锈。这又是越王勾践剑千年不锈的原因。

此外，还有证据可以证明，越王勾践剑的不锈之谜完全是它所处的环境条件所致：

第一，越王勾践剑不是绝对的没有生锈，只是其锈蚀的程度十分

■勾践剑

轻微，人们难以看出。该剑发现后一直放在囊盒中妥善保管，但是，40多年以后，该剑的表面已经不如刚出土时明亮了。这说明在目前这样好的保管条件下，锈蚀的进程也是难以绝对阻止的。

第二，与越王勾践剑同时发现的还有3把青铜剑，这3把青铜剑都放在该墓棺外的椁室内，相对说来，它们所处环境的密封程度不如越王勾践剑密封得好，但是它们的锈蚀程度也较轻，甚至与越王勾践剑完全相同。

第三，发现于江陵马山楚墓与越王勾践剑时代相近、制造工艺也相近的吴王夫差矛，由于该墓的保存情况不好，棺木等大都已经腐烂。夫差矛不仅矛柄几乎全部腐烂，其青铜表面也都布满了绿色的锈层。

以上所述均已说明，越王勾践剑能够不锈完全是它所处的环境条件所致。勾践剑表面上的硫化物，其实是墓室中尸体、丝绸衣物、食物等腐烂后产生的。

在用剑时，人的手指会经常摸到剑身，从而很快就将该处的硫化铜抹去，古代工匠们也并没有在越王勾践剑的表面采用过硫化处理。但尸体、丝绸衣物、食物等腐烂后都会产生相当多的硫化物，这就是越王勾践剑上硫的来源。

越王勾践剑上的花纹是用金属锡制成的，在我国

■ 夫差矛

夫差矛 于1983年11月在湖北省江陵县马山的一座楚国贵族的墓葬中出土，是我国春秋末期吴国使用兵器。上面刻有"吴王夫差，自乍用矛"的错金铭文。此矛装饰华美，锋利无比，是春秋时期一件青铜珍品。值得注意的是夫差矛并非吴王夫差专用武器，而是夫差时期所铸青铜矛。

陵墓遗存

古代陵墓与出土文物

■ 从楚墓内出土的
青铜宝剑

楚怀王 （？—前296），我国战国时期楚国的国君，为楚威王之子，楚顷襄王之父，公元前328年至前299年在位。楚国本来是六国中的强国，拥有强大的国力，但楚怀王贪婪成性，屡次误听秦国相张仪的计谋，得不偿失，本是齐国的坚定盟友，却背齐投秦，把楚国的国力耗尽，前299年入秦被扣，死于秦。

春秋战国时期，青铜器的表面装饰有多种，采用锡是其中之一。青铜的亮黄色与锡的亮白色相互衬托，耀眼美观。

但是，在青铜器上用锡有以下两点缺点：

一是锡的硬度低，容易出现划痕，所以只能填在剑身的花纹内。

二是锡在空气中容易被氧化而使剑的光泽黯淡，失去了装饰的意义。

为此，用锡装饰青铜器的这种方法并没有被较广泛地使用。

墓主人邵滑，也称淖滑，是楚怀王时的大贵族。从《史记·甘茂列传》和《韩非子·内储说下》所载史料，楚怀王曾派邵滑到越，离间越国君臣，诱使越国内乱，从而乘机亡越。

邵滑是楚国的一位老练的外交家，在齐破燕后，曾肩负联赵魏伐齐的重要使命，之后，他又是灭越的大功臣，楚怀王把从越国掠夺回来的越王勾践剑作为战利品赏赐给了邵滑。

邵滑死时很年轻，尚不足30岁，楚王为了表彰他的忠心而把名贵的越王勾践剑随葬墓中，以显示他生前的功绩。

越王勾践剑之所以会流落到楚国来，和楚国灭越是分不开的。因此，江陵"望山1号"墓的上限必然在楚国灭越以后，下限必然在楚顷襄王迁徙都于陈之前。因为楚国灭越以前，越国正在强盛时期，勾践宝剑不可能流落到国外。

韩非子 （约前281—前233），战国末期韩国人。思想家、哲学家、政论家，法家的代表人物。他是韩王室宗族，韩王歇的儿子。他写出了《孤愤》《五蠹》《内外储》《说林》《说难》等著作，在《内外储》中，讲述了邵滑的故事。

阅读链接

在把从越王剑出土的这座楚墓出土的竹简、墓葬形制、随葬器物与其他墓葬的同类器物分析比较之后，有人认为墓主是邵固而非邵滑，他应是生活在楚威王时或早些时候，而史书记载中的邵滑主要政治与外交活动都在楚怀王后期，邵固与邵滑是生活于不同时期的两个人。

根据史书和竹简所记，楚越之间的关系在楚威王之前是很密切的，两国一度互为盟友，楚昭王曾娶越王勾践之女为妃，生下了楚惠王。勾践将他珍贵的青铜宝剑作为嫁女之器送入楚国，这并不是没有可能的。

据考古专家方壮猷方先生研究，越王勾践剑也有可能是越国王子奔楚国，客死郢都的随葬品。已故著名考古学家夏鼐先生则认为，春秋末年，各国相互角斗，故吴物入晋，而越器也出土于楚都。勾践灭吴以后，越楚接壤，更有交流互赠可能。

扬名千古的越王剑

　　越王剑是越王勾践请铸剑名师经历数年精心铸造出来的。据《吴越春秋》和《越绝书》记载，越王勾践曾特请龙泉宝剑铸剑师欧冶子铸造了5把名贵的宝剑，这5把越王剑，都是削铁如泥的稀世珍品。

　　关于越王铸剑及越王剑在后世的传奇，有许多美丽的传说故事。

　　剑是兵器，然而在我国传统文化中，这冰冷嗜血的凶器，慢慢地经过文化之手的不断摩挲，竟然成了一样看上去很美的文化吉祥物，

■历史悠久的青铜剑

■青铜剑

洋溢着一种类似浪漫的温柔。中国人说起剑来，丝毫不为其原始的兵器功能所摆布。

剑在我国的历史可追溯至商周，在我国历史和文化中，被赋予极高的地位，所谓王者剑、君子器。剑贯穿了几乎整个我国历史：君王赏赐、壮士互赠、美人定情、宣示权力、张扬誓约、铭表信义。

我国历史上有种种神奇的铸剑故事。如干将莫邪铸剑，出自我国古代神话故事集《搜神记》，属于小说家言。但是，类似这种传说，将剑化之以文，成了剑文化。其文化，借助剑之传说，宣扬的是剑之外的东西。

公元前6世纪中叶，当中原各国动荡之际，南方的楚、吴、越之间也开始了激烈的征战，一度形成三国鼎立的局面。

吴楚两国争霸之际，与吴国相邻的越国也不甘寂寞，乘吴忙于攻楚之际，经常袭击吴国。

公元前496年，伐楚获胜回国的吴王阖闾趁越王

《搜神记》是我国古代一部记录民间传说中神奇怪异故事的小说集，作者是东晋的史学家干宝。它是集我国古代神话传说之大成的著作，收集了古代的神异故事共400多篇，开创了我国古代神话小说的先河。故事大多篇幅短小，情节简单，设想奇幻，极富浪漫主义色彩。

■ 战国时期的青铜剑

夫差 又称吴王夫差，姬夫差，春秋吴国末代国君，阖闾之子，公元前495—公元前473在位。公元前494年在夫椒大败越国，攻破越都，使越屈服。此后，又在艾陵打败齐国。夫差释放了越王勾践，又沉迷于骄奢淫逸的生活，而越王勾践发愤图强，最后战胜了吴国。

允常新丧，王子勾践即位，国势未稳之际，大举兴兵伐越。年轻的越王勾践用奇谋大败吴师，吴王阖闾负伤而死。

公元前494年，吴越大地又发生了一场惨烈的大战，吴王阖闾之子夫差一举击溃了越王勾践。越王勾践沦为吴王夫差的仆役。在饱尝失国的屈辱中，勾践在苦苦地寻找一个人和一把剑。

勾践听说，有个叫欧冶子的人能铸造削金断玉的神奇利剑。

欧冶子在越国诞生时，正值东周列国纷争，楚国先后吞并了长江以南45国。越国就成了楚灵王的属国。

少年时代，欧冶子从舅舅那里学会了冶金技术，开始冶铸青铜剑和铁锄、铁斧等生产工具。他肯动脑筋，具有非凡的智慧。欧冶子身体强健，能刻苦耐劳。他发现了铜和铁性能的不同之处，冶铸出了第一把铁剑"龙渊"，开创了我国的冷兵器之先河。

以短胜长的目的诉求，必然导致短之精良锋利，于是，当中原地区还是青铜器为主要武器材质的时候，在百越的群山之中，生存安全的压迫，激发了他们的聪明才智和毅力决心，终于发现了越人精良的冶炼铸造技术，铁兵器开始了。而此铁兵器，一开始就是合金的兵器。

于是越王勾践请来欧冶子，他不但为勾践铸造了湛卢、纯钧、胜邪、钜阙和鱼肠5把名贵宝剑，还向越国传授了铸剑技术。而这把越王勾践剑，无疑是出自欧冶子之手。

凡是传统手工业发达的地区，传统的农耕时代必然是土地资源等匮乏、农业生产水平和产量不高的地区。浙江龙泉，这个浙南小城就是典型的例子。

当时，由于农耕养活不了人，于是，人们便寻找

龙泉 位于浙江省的西南部，东临浙江温州，西接福建省武夷山，素有"瓯婺入闽通衢""驿马要道，商旅咽喉"之称。境内层峦叠嶂，溪流纵横。龙泉宝剑创始于春秋战国时期，其剑以"坚韧锋利、刚柔并寓、寒光逼人和纹饰巧致"四大特色而成为剑中之魁，闻名天下。

■ 出土文物青铜剑

■《千字文》为南朝周兴嗣撰，它的操作相传还有一段故事：原来是当年梁武帝令殷铁石在王羲之书写的碑文中拓下不重复的1000个字，供皇子们学书用的。但由于字字孤立，互不联属，所以他又召来周兴嗣嘱道："卿有才思，为我韵之。"周兴嗣只用了一个晚上就编好进呈武帝。这便是传至今日的《千字文》。《千字文》精思巧构，知识丰赡，音韵谐美，宜蒙童记诵，故成为千百年蒙学教科书。

别的活路，瓯江两岸的山里、甚至瓯江河床里居然都是含铁的矿石。这里更是群山环抱，柴薪取之不尽，瓯江水恰好用来淬火。

神奇的是连周围的山上都有天然的上好的磨刀石。于是龙泉迎来了越国的欧冶子！

当时人们用天上飞落的陨石制作剑的刃部。因为陨石中所含的铁质远比青铜坚硬，但这种陨铁非常稀少。后来，欧冶子终于找到了陨铁的替代物，为越王铸造了坚兵利器。

而且，相传在那个时候，许多人都认为，铁是一种低俗的材料会带来厄运，因此，有恶金之称，一般只用来铸造农具。王所用的配剑自然也就不会是铁剑，当是合金所制。

《千字文》中说："剑号巨阙，珠称夜光。"巨阙是古代名剑，是传说中剑祖欧冶子为越王铸造

■ 出土文物

的5把神剑之一。撰写《千字文》的周兴嗣受制于1000个散字，只能举巨阙为例，作为宝剑乃至兵器的代表。

传说巨阙剑初成时，越王勾践坐于露坛上，忽见宫中有一马车失控，横冲直奔，惊吓了宫中饲养的白鹿。于是越王勾践拔出欧冶子刚铸成的巨阙剑，指向暴走中的马车，欲命勇士上前制止。但却在这拔剑一指时，手中的剑气却将马车砍为两节。

随后，勾践又命人取来一口大铜锅，用此剑一刺，便毫不费力地将铁锅刺出了一个大缺口来，就如切米糕般轻易。巨阙也因此而得名。

传说当年在造巨阙剑时剩下了一块锻造所用的神铁，于是欧冶子用这块神铁，造就了一把匕首"龙鳞"。这把匕首，后来用于朝廷之中，因太过锋利而被用于古时最残酷的死刑"凌迟"。

据《越绝书》记载，欧冶子后来奉越王命为楚王

《越绝书》是记载古代吴越地方史的杂史，又名《越绝记》。书内所记载的内容以春秋末年至战国初期吴越争霸的历史事实为主干，上溯夏禹，下迄两汉，旁及诸侯列国，对这一历史时期吴越地区的政治、经济、军事、天文、地理、历法、语言等多有所涉及，被誉为"地方志鼻祖"。

■ 欧冶子铸剑池

■ 欧冶子铸剑亭

陵墓遗存

古代陵墓与出土文物

铸剑。他遍访闽越，在龙泉秦溪山下开炉铸剑，最后铸成"龙渊""工布""泰阿"3把剑。它们削铁如泥，风吹发断，能屈能伸，精美绝伦。敬献给楚王后，楚王大喜，于是封欧冶子为将军。

《越绝书·宝剑篇》中记载，当时的宝剑鉴赏大家薛烛曾这样评论越王勾践的"纯钧"剑：

手振拂，扬其华，淬如芙蓉始出。观其钣，灿如列星之行；观其光，浑浑如水之溢于塘；观其断，岩岩如琐石；观其才，焕焕如释……虽复倾城量金，珠玉竭河，犹不能得此一物。

《越绝书·外传记宝剑》中记载："越王允常，即勾践之父命欧冶子铸剑。"欧冶子到闽、浙一带名山大川遍寻适宜铸剑之处。当他见到湛卢山清幽树茂，薪炭易得，矿藏丰富，山泉清冽，适宜淬剑，就决定于此铸剑。

欧冶子三年辛苦，终于铸就了锋芒盖世的湛卢之剑。那时世上五大名剑是：湛卢、巨阙、胜邪、鱼肠、纯钩，名列第一的是湛卢。此剑可让头发及锋而断，铁近刃如泥，举世无可匹者。

后代诗人题诗写道：

斗间瞻气有双龙，人间何处问欧冶？
欧冶一去几春秋，湛卢之剑亦悠悠。

湛卢山也因此被称为"天下第一剑山"。

《东周列国志》中记载，湛卢宝剑铸成，越王视之为国宝。越国被吴国攻灭，吴王阖闾获此剑。但有一天此剑忽然不见了，而某日在楚昭王的枕边突然发现这把寒光闪闪的宝剑。

■楚墓中的青铜剑

博发于雁门关

相剑者入宫解谜说："此乃吴中剑师欧冶子'湛卢'宝剑，吴王无道，杀王僚自立，又坑杀万人以殉其女，吴人悲怨，岂能得此剑？此剑所在之国，其国祚必绵远昌炽。"

楚昭王大悦："此乃天降瑞兆也！"

可见，湛卢宝剑已成为预示国家兴亡的神物了。

唐朝诗圣杜甫有诗咏道："朝士兼戎服，君王按湛卢。"历代诗文提及湛卢的很多。

湛卢剑几经辗转流传，据说唐时为薛仁贵获得，后传到南宋抗金名将岳飞手中，岳飞父子遇害后，湛卢剑就不知下落了。

阅读链接

在我国春秋战国时期，由于步兵的兴起，剑成为战场上决胜的利器之一。在冷兵器时代，谁拥有一把威力无比的名剑，就会远近扬名。

江陵发现的越王勾践剑与薛烛对"纯钧剑"的描述十分吻合。其坚韧锋利，足以证明《战国策·赵策》对吴、越之剑"肉试则断牛马，金试则截盘匜"的描述并非虚言；其做工之精美绝伦，也足以证明欧冶子的铸剑技艺巧夺天工、旷绝千古。

高句丽墓葬壁画

高句丽是西汉至隋唐时期东北地区出现的一个具有重要影响的边疆少数民族。公元前37年，夫余人朱蒙在玄菟郡高句丽县辖区内建立政权。

高句丽鼎盛时期其势力范围包括吉林省东南部、辽河以东和朝鲜半岛北部等地。

在我国吉林省集安市周围的平原上，分布了10000多座高句丽时代的古墓，这就是闻名海内外的"洞沟古墓群"。高句丽墓葬神秘而独特，为我们留下了丰富的精品遗物。

高句丽王朝的千秋兴衰

据《三国史记》和《三国遗事》记载，公元前37年左右，夫余王子朱蒙因与其他王子不和，逃离夫余国来到高句丽。

其实，"高句丽"早在公元前2世纪就作为一个地理名词出现在

■高句丽古城的辑文门

■ 高句丽古墓

《汉书》中。专家普遍认为，高句丽建于公元前37年或公元前1世纪中期。

据推测，高句丽人在其政权建立的初期可能是由濊貊人和部分迁移至这一地区的夫余人组成的。

"濊貊人"这一词语最初并非指一个确定的民族实体，而仅仅是中原古代史家对出现在东北这一特定地区的一些古代部族的泛指。

高句丽与夫余长期处于军事对抗中。为了扼制处于成长期而十分具有侵略性的高句丽政权，中原王进与夫余在军事上常常协同打击高句丽，相关记录在《三国志》《汉书》中时有出现。

高句丽太祖王时期，高句丽从早期的几个濊貊部落国家很快扩张到汉江流域。

公元53年，高句丽太祖王将高句丽分散的5个部

靺鞨 我国古代民族名，自古生息繁衍在东北地区，是满族的先祖。先世可追溯至商周时的肃慎和战国时的"挹娄"。北魏称"勿吉"，唐时写作靺鞨。靺鞨初有数十部，后逐渐发展为七大部。以粟末靺鞨和黑水靺鞨最强大。靺鞨各部发展水平不一，大多以角弓、楛矢射猎为生，凿土穴而居。

■ 高句丽王陵墓

陵墓遗存

古代陵墓与出土文物

落设为5个省，实行集权化统治。

公元56年，太祖王吞并东沃沮。后又吞并东濊一部分领土。随后，高句丽又对乐浪郡、玄菟郡和辽东发动攻势，摆脱汉朝的控制。

高句丽的扩张与集权化，导致了与汉朝的直接武力冲突。汉朝的军事压力迫使高句丽迁都到丸都城。

汉朝灭亡后，辽东郡被好战的地方土豪控制。高句丽接受曹魏政权的册封，并主动与刚刚成立的曹魏联盟攻打辽东郡。

曹魏攻下辽东后，高句丽终止了与曹魏的合作并发兵袭击了辽东西部。244年曹魏反击，摧毁了丸都城。高句丽东川王逃到沃沮。

曹魏摧毁了丸都城后，以为高句丽灭亡了，所以很快就撤离了。不过仅仅70年，高句丽又重建了丸都城，并开始袭击辽东、乐浪和玄菟。

313年，高句丽美川王吞并原汉朝四郡的最后一郡乐浪郡，从东北地区进入并控制了朝鲜半岛北部的大部地区，开始与百济、新罗处于激烈的军事对抗之中。

高句丽的扩张并不是一帆风顺的。342年，丸都城受到前燕攻击。371年，百济近肖古王袭击高句丽。后来，高句丽小兽林王继位后，开始加强高句丽国内的稳定和统一，出台新的法律。

372年，高句丽从中原引入佛教为国教，并依照中原制度建立国家教育机构——太学，同时对高句丽军队进行了改革。

589年，隋灭南朝陈统一中国后，开始要求周边国家为其臣属，并得到了其中大多数国家的认可。只有高句丽对此阳奉阴违。

598年，高句丽先发制人攻辽西，引发第一次高句丽与隋的战争。当隋文帝准备兴全中原之兵问罪时，高句丽王匆忙上表谢罪，自称"辽东粪土臣元"，于是得到赦免。

但是，高句丽仍旧四处联结反隋势力，当隋炀帝在突厥可汗处发现高句丽的使臣后，开始认识到高句丽是中原潜在的边患，隋与高句丽的战争爆发。

■高句丽古墓群

隋炀帝 （569—618），即杨广，是隋朝的第二个皇帝。隋文帝杨坚的次子，581年立为晋王，600年11月立为太子，604年7月继位。他在位期间修建大运河，营建东都洛阳城，开创科举制度，亲征吐谷浑，三征高句丽，因为滥用民力，造成天下大乱，直接导致了隋朝的灭亡。《全隋诗》录存其诗40多首。

■ 高句丽古墓

612年，隋朝的百万大军从陆路和海上同时攻打高句丽，但由于隋炀帝的失误，使渡过辽河进攻的30万大军几乎全军覆没。

613年和614年，隋朝再次攻打高句丽，但因杨玄感起义反隋炀帝和高句丽诈降交还叛逃的隋将斛斯政，使得隋对高句丽的这两次战役被迫中止。

615年，隋炀帝又打算攻打高句丽。但由于隋朝内乱加剧，攻打高句丽的计划被取消。隋对高句丽的战争使隋朝国力锐减，并引发了隋末农民大起义。

618年，隋朝灭亡。不过隋与高句丽的战争也削弱了高句丽的国力。

唐太宗贞观后期，四夷突服，大唐空前强盛，征服高句丽逐渐提上日程。

653年，新罗遣使来到唐朝，述说百济攻占了新罗40多座城池，并与高句丽图谋断绝其去往唐朝的通路。

唐太宗派人出使高句丽，命令其停止征战，遭高句丽权臣莫离支泉盖苏文拒绝，遂决定发兵东征高句丽。

654年11月，唐太宗李世民诏命刑部尚书张亮为平壤道行军大总管，太子詹事、左卫率李绩为辽东道行军大总管，率水陆大军分道进击高句丽。

■ 高句丽王陵墓

655年2月，唐太宗率六军从洛阳出发，御驾亲征。张亮率水军渡海袭占卑沙城；李绩军攻克辽东重镇辽东城，斩俘20000多人。

当年6月，唐军进至安市城，即现在辽宁海城东南营城子。高句丽北部褥萨高延寿、高惠真率15万大军前来救援，被唐太宗军击败，残兵全部归降，高句丽举国震恐。

7月，唐军开始围攻安市城，由于守军殊死抵抗，使唐军至9月还没有攻克。当时已经到了深秋，草枯水冻，兵马难以久留，唐太宗被迫于9月18日班师还朝。此次征伐没有达到征占高句丽的预期目的。

这次唐太宗征讨高句丽，攻占辽东等10座城，获70000多户，斩杀高句丽兵40000多人，唐军阵亡几千人，战马损失了百分之七八十。

唐太宗回朝后，群臣建议对高句丽派偏师进袭骚扰，使其国人疲于应付，耽误农时，几年后即可使高

辉煌古墓 高句丽墓葬壁画

唐太宗（599—649），即李世民，唐朝第二位皇帝，不仅是著名的政治家、军事家，还是一位书法家和诗人。为大唐统一立下汗马功劳，开创了著名的贞观之治。在此期间，唐朝在李世民的带领下，依次取得了对东突厥、吐蕃、高句丽等地用兵的胜利。这些胜利奠定了唐朝300年的基业。

■ 高句丽王陵墓的墓石

李绩 原名徐世绩，字懋功。唐高祖李渊赐其姓李，后避唐太宗李世民讳改名为李绩，唐初名将，曾破东突厥、高句丽，与李靖并称。后被封为英国公，为凌烟阁二十四功臣之一。李绩一生历事唐高祖、唐太宗、唐高宗三朝，出将入相，深得朝廷信任和重任，被朝廷倚为长城。

句丽因粮荒而土崩瓦解，唐太宗采纳了这一建议。以后，唐军采取了对高句丽发动骚扰性攻击的策略。

647年，唐太宗命牛进达和李绩率军从水陆两路进扰高句丽，拔石城。高句丽王派遣其子高任武入唐谢罪。

648年，唐太宗派右武卫大将军薛万彻率30000名大军乘楼船渡海，进入鸭绿水，在泊灼城，即现在辽宁丹东东北，大败高句丽军。

655年，因高句丽与百济、靺鞨联兵入侵新罗，新罗王金春秋遣使向唐求救，唐高宗命营州都督程名振和左卫中郎将苏定方率兵击高句丽。

658年，程名振攻克高句丽赤烽镇。

659年，唐右领军中郎将薛仁贵在横山，即现在辽宁省辽阳附近华表山，大败高句丽军。

660年，唐朝灭了百济，高句丽失去了盟国，陷入孤立境地。第二年，唐高宗下令对高句丽发动大规模进攻，水陆分道并进，屡战屡胜，军队一直进攻至平壤。

当时遇到大雪天寒，唐高宗不得不于662年2月命唐军自高句丽班师。退军时，左骁卫将军、沃沮道总管庞孝泰在蛇水战战死。这是高句丽灭亡前的最后一次胜绩。

由于高句丽的首领渊盖苏文在世期间一直没有采取明智的外交策略，导致唐朝与新罗联合欲灭高句丽而后快。渊盖苏文在世时虽然尚能以高压政策控制高句丽政局，但高句丽内部已经危机四伏。

666年，高句丽内乱，渊盖苏文死后，他的世子泉男生代为莫离支，莫离支相当于唐的兵部尚书兼中书令，权力很大，专政国事。但泉男生为二弟男建所逼，归降于唐。唐高宗派契苾何力、庞同善等出兵高句丽，援救泉男生。

不久，唐高宗以李绩为辽东道行军大总管，统率诸军，分道合击高句丽。以后一年多时间，各战场捷报频传。

李绩攻取高丽军事重镇新城，即现在辽宁抚顺北高尔山城，并趁势将附近的16座城池全部攻下。

与此同时，薛仁贵在金山击破高句丽大军，斩首50000余人，攻下南苏、木底、苍岩等三城，与泉男生军会师。

■九都山城古墓

李绩等攻占夫余城，斩俘万余人，夫余川中40余城也望风归降，再战薛贺水斩俘30000余人，乘胜攻占大行城，即现在辽宁省丹东西南娘娘城。

668年春夏，各路唐军会师推进到了鸭绿江。

高句丽发兵抵抗，唐军奋勇出击，大败高句丽军，唐军追击高丽军200多千米，攻拔辱夷城，即现在朝鲜永柔境，其他各城守军有的逃了，有的归降了唐朝。

唐军一直攻至平壤城下，高句丽王高藏派泉男生率首领98人出来投降。泉男建仍然闭门拒守，并多次遣兵出战，都失败了。

当年9月12日，高句丽僧信诚打开城门，唐军冲进城中，高句丽灭亡。

唐朝平定高句丽后，分其境为9个都督府、42个州、100个县，并于平壤设安东都护府，任命右威卫大将军薛仁贵为检校安东都护，领兵20000名镇守该地。

高句丽第二十七代国王宝藏王高藏被唐朝俘虏，根据司马光《资

■九都山城古墓

陵墓遗存
古代陵墓与出土文物

治通鉴》的记载，高句丽贵族及大部分富户与几十万百姓被迁入中原各地，融入我国各民族中，另有部分留在辽东，成为渤海国的臣民，其余小部分融入突厥及新罗。自此，高句丽国家不再存在于世。

阅读链接

668年，高句丽灭亡后大批高句丽遗民展开了反对唐和新罗联盟的复兴高句丽运动。其中较为著名的有原高句丽将军剑牟岑、乞乞仲象和大祚荣等。

唐朝曾多次试图在高句丽故地建立督府控制这个地区，但都失败了。

唐朝为管理原高句丽故地而设置的安东都护府，最初是由薛仁贵来管理的，但由于吐蕃在西线的压力，唐朝开始羁縻治理高句丽故地，任命高句丽宝藏王高藏为辽东州都督、朝鲜王。后来宝藏王因暗中支持高句丽遗民起义被流放。宝藏王的儿子高德武接管了安东都督府。

王陵的千载不朽遗风

　　高句丽政权在吉林省集安的时间，即以国内城和丸都山城为王都的时间，前后长达425年，其间有19位高句丽王传续。如此多的王存在，自然也就有了许多王陵的存在。

■高句丽王陵的积石墓

■ 丸都山城封土墓墓碑

经过研究考证，在集安的洞沟古墓群中，至少应该有18座高句丽王陵。

在我国吉林省集安数以万计的高句丽遗迹中，古墓葬数量最多。仅集安洞沟古墓群，就有7000余座，其墓群范围之广、种类之多、数目之大、内涵之丰富，堪称我国北方少数民族古墓群之冠。

高句丽墓葬可分为积石墓和封土墓两大类。其中，积石墓出现的年代较早，它是高句丽民族传统的丧葬方式，具有浓郁的民族特色。

在当时，无论高句丽王公显贵还是平民百姓死后的墓葬都用石块垒砌，死者多葬在墓葬的中上部。只是死者的身份不同，墓葬在规模、形制有所差别。

高句丽积石墓的形制大致经历了积石石护墓、方

集安 位于吉林省南部边陲，历史悠久，文化底蕴厚重。至少在公元前三四千年以前，仅浑江、鸭绿江流域就已经闪烁着人类文明的光辉。远在唐、虞、夏、商之时，即已人烟早布；"禹平北土，置九州"，此地属青州；舜分青为营，此地转营州属。故集安地域建制较早。

■瓦当 俗称瓦头。是我国古代建筑的构件，是屋檐最前端的一片瓦，也叫滴水檐。瓦面上带着有花纹垂挂圆形的挡片。瓦当的图案设计优美，字体行云流水，极富变化，有云头纹、几何形纹、饕餮纹、文字纹、动物纹等，为精致的艺术品。起着保护木制飞檐和美化屋面轮廓的作用。不同历史时期的瓦当，有着不同的特点。

坛积石石矿墓、阶坛积石石护墓、阶坛积石石室墓的演变过程，其时间上限为高句丽政权建立前后，下限应在4世纪中叶至5世纪初。

在集安地区内，现已确认的高句丽王陵均属积石类墓葬，而且是同时期墓葬中最大、最典型、地理位置最优越的。

除积石墓之外，还有一种墓葬就是封土墓。大约在4世纪末，高句丽人开始吸纳周边文化、特别是我国中原文化的因素。就是在这种背景下，高句丽墓葬的形制由积石墓转变为封土墓。

高句丽封土墓的形制经历了有坛封土石室墓、封土石室墓、洞室墓三个不同的演变阶段，时间为4世纪末至高句丽灭亡前后。

这些墓葬以高句丽的国内城为中心，沿鸭绿江右岸分布，形成了一个蔚为壮观的墓葬群。

高句丽王陵是历代高句丽墓葬的典型代表，是同时期规模最大、埋葬设施最完备的墓葬，它集高句丽物质文化与精神信仰之大成，具有许多鲜明的特点。

古代人对礼制有很多讲究，高句丽人也不例外。当时高句丽人对瓦的使用有严格的规定，只有佛寺、神庙、王宫、富府可以用瓦。

从这一规定人们也能够看出，瓦和瓦当成古代高句丽王朝的等级与身份的象征。高句丽王陵的墓上有瓦，就意味着墓上有建筑物。所以，用瓦是高句丽王陵的重要标志。

通过对已经发现的高句丽王陵考察发现，高句丽早期王陵保存较浓厚的原始血缘传统族葬的表现形式首先是陪葬墓。

随着王权意识的深化和埋葬制度的演进，祭台的出现和规格化成为高句丽王陵的明显特征。这一特征在高句丽的王陵中，清楚地反映了出来。

在中原文化中，王陵选址受到非常重视，后来高句丽王陵选址可能也是受到了当时汉、北魏帝陵葬制的影响，开始把墓地选择在较高的地方。

高句丽早期王陵均在山麓最高处或陡崖处，后渐向平地的高阜处转移。

葬地居高这种形式，使其固有的民族传统与中原的王权意识、风水观念逐渐结合。

中原文化 是指以我国中原为基础的物质文化和精神文化的总称，最早可追溯至公元前约6000年至公元前约3000年的我国新石器时代。中原文化以河南省为核心，以黄河中下游地区为腹地，逐层向外辐射，影响延及海外。中原是中华文明的摇篮，中原文化是中华文化的重要源头和核心组成部分。

065

辉煌古墓

高句丽墓葬壁画

■ 高句丽的王室墓

高句丽早期王陵聚群埋葬的传统较浓厚。但约在2世纪以后，随着墓葬向谷地转移，高句丽王陵墓周相对开阔。墓制也发生变化，开始独立为陵，而且均有墓域。

此外，高句丽王陵的墓葬还愈见高耸，墓域更加宏大。往往一座王陵，就占据了一个高地。王陵的这一变化，充分体现了王者之威。

陵寝设施的出现约在2世纪，人们一般认为，陵寝设施的出现是高句丽国力强大、效仿中原丧葬礼制的结果。

高句丽王陵中的陵寝设施包括陵墙、陵寝建筑等，种类齐全，设施完备。

高句丽王陵中除了王陵必有的建筑构件、陵寝设施以外，有些王陵还发现了代表当时最高生产力水平和王族专用的遗物。

陵墓遗存

古代陵墓与出土文物

■ 高句丽王陵一角

　　能够代表王族的王陵遗物有错金刀、鎏金冠、龙凤图案的饰件、龙形刻石、"王"字纹瓦等。

　　并非所有的高句丽王陵都具备这些特征，因为在高句丽陵墓的演进中，有些特征是从无到有、从雏形向完善逐渐变化的。

阅读链接

　　高句丽政权始于公元前37年，止于公元668年，曾是我国东北地区影响较大的少数民族政权之一，在东北亚历史发展过程中发挥过重要作用。

　　高句丽政权发轫于今辽宁省桓仁县，公元3年迁都至国内城（今吉林集安），427年再迁都至平壤。桓仁与集安是高句丽政权早中期的政治、文化、经济中心。

　　在2004年举行的第二十八届世界遗产委员会苏州会议上，高句丽王城、王陵及贵族墓葬被列入世界遗产名录。高句丽文化遗产是中华民族祖先创造的、不可再生的重要文化资源。

历代王陵各归其主

在我国吉林省集安市周围的平原上，分布了10000多座高句丽时代的古墓，这就是闻名海内外的"洞沟古墓群"。其中，以太王陵、将军坟和千秋墓等规模最为宏大。

太王陵位于集安城东的禹山南麓岗地上，是高句丽第十九代王广

■九都山城古墓群

开土境平安好太王的陵墓，始建于391年，是高句丽王陵中唯一确知年代、葬者的典型墓葬。

太王陵是一座大型方坛阶梯夫妻合葬石室墓，墓高达15米，由山砾石和花岗岩混筑，四周护放护坟石。

太王陵几经兵燹战乱，陵墓变得十分破烂。光绪年间，墓上还有大量的莲花纹瓦当和文字砖。

好太王名安，也称谈德，391年即位，412年去世，在位22年。好太王统治时期是高句丽国家政治、经济、军事重要发展时期。

好太王碑记载：

> 恩泽洽于皇天，威武振被四海，扫除不佞，庶宁其业，国富民殷，五谷丰熟。

好太王一生东征西讨，开拓疆土，是高句丽历史上具有重大影响的代表性人物。

好太王陵的方坛构筑前曾下挖0.8米的基槽，奠基

莲花纹 我国古代传统纹饰之一。莲花，是我国传统花卉，古名芙蕖或芙蓉，从春秋战国时就曾用作饰纹。自佛教传入我国，便把莲花作为佛教标志，代表"净土"，象征"纯洁"，寓意"吉祥"。莲花因此在佛教艺术中成了主要装饰题材。尤其在南北朝时期，随着佛教的广泛传播，极为流行。在石刻、陶瓷、铜镜上到处可见。

陵墓遗存

古代陵墓与出土文物

■ 高句丽长寿王陵墓碑

藻井 我国古代殿堂室内顶棚的独特装饰部分。古人穴居时，常在穴洞顶部开洞以纳光、通风、上下出入。出现房屋后，仍保留这一形式。一般做成向上隆起的井状，有方形、多边形或圆形凹面，周围饰以各种花藻井纹、雕刻和彩绘。多用在宫殿、寺庙中的宝座、佛坛上方最重要部位。

0.9米，由于1600多年的地层变化，方坛基部变动较大，边长66米，近于正方形，残高14.8米，方向近于正西方。

太王陵有16级阶梯，第一级阶坛由修琢工整的石条垒砌，顶部修筑墓室，东西2.95米，南北3.25米，藻井上部石条稍内收，盖顶石是一整块长圆形石板，长径8.4米，短径5米，厚0.8米，墓室高3米，墓道长5.3米，宽1.85米。

墓室内置一座两坡水硬山式的石椁，长2.4米，宽2.7米，高2.05米。石椁内并排两座石棺床，长2.2米，宽1.2米，中间无空隙，四周边缘突起。

石椁用沉积页岩精磨而成，呈绿、蓝、紫三色，各部由榫卯结构结合，西侧椁山墙开门，两扇石门，通向墓道墓门。

距太王陵300余米处是好太王碑，好太王碑是我国最大的石碑之一，被誉为"海东第一古碑"。在好太王碑上刻有"国冈上广开土境平安好太王"，由此推断此碑是高句丽第十九代王好太王的记功碑。

将军坟位于集安市东北的龙山脚下，因其造型颇似古埃及法老的陵墓金字塔，因此被誉为"东方金字塔"，推算为4世纪末5世纪初高句丽王朝第二十代王长寿王之陵。

将军坟整座陵墓呈方坛阶梯式，高13.1米。墓顶面积270平方米，墓底面积997平方米，全部用雕琢的花岗岩砌成。坟阶7层，每层由石条铺砌而成，每块条石重达几吨。

第五阶有通往墓室的通道，盖棺石板重50多吨，每面3个护坟石各重10余吨，其势宏伟壮观。

在陵墓的第五阶正中，有早年打开的甬道，可通墓室。墓室呈方体，边长5米，高5.5米，四壁用6层石条砌筑，墓顶覆盖一块巨大而完整的石板，平面达50平方米。墓室内的地面上并排置放着两个石棺床，棺木及随葬品早已荡然无存。

坟的上下到处都是巨大石条，光是坟的外缘石条就

辉煌古墓

高句丽墓葬壁画

石碑 就是刻上文字纪念事业、功勋或作为标记的石头。碑的结构一般分为碑首、碑身、碑座三部分。碑首主要刻些碑名，或仅起装饰作用。碑身刻写碑文，碑座起承重和装饰作用。明代以后，将碑座改成似龟非龟的样子赑屃，传说它是龙的九子之一，善于载重。

■ 高句丽将军坟旁的石碑

用了1100多块。这些巨大的石条，都是从22千米以外的采石场运来。

1500多年前，缺乏运输和起重工具，高句丽工匠运用滚木、填土斜坡等土办法，把石条一块一块运来，又一块一块地垒砌上，需要付出极大的艰辛和努力。将军坟的建造，充分反映出高句丽人民的聪明和才智。

在坟的顶端，四边的石条上留有排列整齐的圆洞，墓顶的积土中有板瓦、莲纹瓦当和铁链一类构件，可以看出是亭阁建筑的遗迹，这与北方其他民族的丧葬习俗极为吻合。

"将军坟"之称是清末当地老百姓叫起来的，前人有《别金相登将军坟》一诗写道：

将军坟墓几千秋，坟外年年江水流。

桂酒椒浆伤往事，荒烟蔓草赋闲游。

三辅霸业今何在，百济名邦早已休。

独有英雄埋骨处，峨峨高崎龙山头。

■高句丽王陵将军坟

辉煌古墓 高句丽墓葬壁画

将军坟曾有一个很广阔的陵园和墓域，南面一角下有长长的水道，将墓顶和墓室的渗水排出。

在将军坟的后面，有一排陪坟，原有4座，形制与将军坟相似，只是规模要小许多，应该是长寿王妃子们陪葬的墓。

临江墓位于吉林省集安市区东侧龙山南麓一座小山丘上。西侧460米为好太王碑，900米处为太王陵。是高句丽政权的早期王陵，因地处临江的台地边缘而得名。

临江墓是一座大型阶坛积石石圹墓，其外形呈圆角方丘状。南北约76米，东西约71米，高约10米。

临江墓基本没有经过加工修整的大块石条，也没有见到整齐规矩的大块基石。墓葬边缘和阶坛均以较大山砾石砌筑。石材多数保留着自然断面，摆放也不很规则。

由于山顶地势落差不等，墓葬四面砌筑的阶坛级数也不同。东南角与西南角分别为21级至23级，地势相对较低的北面为30级至33级。

当时，确定墓的范围后用较大的山石摆砌出墓坛，内部填充稍小的碎石。铺平后内收0.4米至0.6米再砌筑第二层阶坛。临江墓的四面阶坛高宽并非全部整齐划一，走向也不完全相同，有的弧度较大，阶坛分岔的现象普遍存在，砌筑也似乎较为随意。

临江墓顶部较为平坦，形状大致呈长方形，中间有一个大坑，长17米，宽10米，深2米，几乎占据了整个墓顶。坑内外均未发现整齐的石条或加工过的较大石板，推测其墓室为不加封盖的圹室。

临江墓上发现有大量筒瓦、板瓦和少量脊瓦残片，推测其墓顶可能原来有建筑。

临江墓的规模较大，独居于临江的山顶上，显示出卓尔不群的风范。墓上用瓦，有祭台和祭祀用的金器和车具，由此可以表明其身份地位的尊贵。

根据临江墓所用石材、砌筑方式及出土遗物等综合分析，临江墓的墓葬年代最晚不超过3世纪末。

■ 临江墓上的碎石

千秋墓位于集安城西麻线河东岸200米的坡地上，是高句丽中晚期的一个王陵。墓上发现有"千秋万岁永固"字样的汉字铭文砖而名之为"千秋墓"。可能是高句丽第十八代王故国壤王的陵墓。

故国壤王姓高，名伊连，是高句丽第十七代王小兽林王的弟弟。小兽林王没有儿子，死后由其弟弟继位。但是只在位短短的8年时间。

千秋墓为方坛阶梯石室墓，近正方形，边长60.5米至71米，残高11米。

墓顶较平坦，约20米见方。墓上存有大量的筒瓦和板瓦残片及文字砖残段，其文为"千秋万岁永固""保固乾坤相毕"等。

千秋墓占地5000多平方米，形制浩大，宛若山岳。使用石材数万立方米，修筑方式与将军坟相同，仅残存体积就相当于将军坟的7倍多。工程量也大于将军坟数倍，规模堪称高句丽王陵之冠。

西大墓是高句丽中期的王陵。清末中原人在此垦荒时，就发现了此墓，并称其为西大墓。根据墓葬形制及墓内遗物推测，这是高句丽第十五代王美川王的陵墓。

■铭文砖

辉煌古墓

高句丽墓葬壁画

铭文 铜器研究中的术语。又称为金文、钟鼎文，本指我国古人在青铜礼器上加铸铭文以记铸造该器的缘由、所纪念或祭祀的人物、国家或宗族的大事等，后来就泛指在各类器物上特意留下的记录该器物制作的时间、地点、工匠姓名、作坊名称等的文字，并且表现形式多样化。

步摇 我国古代妇女的一种首饰。取其行步则动摇,故名。原为我国传统汉民族首饰,西汉时从西域地区吸收创新而来,约在东汉时经燕传入辽西,后又向东传入朝鲜半岛及日本。其制作多以黄金屈曲成龙凤等形,其上缀以珠玉。六朝而下,花式愈繁,或伏成鸟兽花枝等,晶莹辉耀,与钗细相混杂,簪于发上。

美川王姓高名乙弗,是高句丽第十四代王烽上王之弟的儿子。烽上王即位次年,怀疑其弟有野心,将他赐死,乙弗心里害怕而逃跑了。

300年,烽上王因骄逸而多疑,被群臣谋废而自杀。此时,逃亡的乙弗又被接回来立为高句丽王,就是美川王。美川王在位32年。

西大墓的形制为阶坛积石石圹,实测东、北两侧边长53.5米,西侧边长56.7米,南侧边长62.5米,残高约11米。

西大墓的墓内部由大小不一的碎山石和河卵石堆砌,外部用修琢整齐的阶坛面石包砌。尚存有14级阶坛。墓北侧第一级阶坛之外有排水沟,墓北侧40.5米处,有一条与阶坛相平行的河卵石墙遗迹。

西大墓东侧40米处,有一处平面近似长方形的台状遗迹,边长与西大墓东边略等,宽约17米,残高

■九都山城古墓

■ 九都山城千秋墓

0.6米，方向基本与墓东边平行，台上还有一些镏金步摇残件。

西大墓周围发现铜、铁、陶、石器等各类遗物38件，并有卷云纹铭文瓦当。

禹山992号墓是高句丽中期王陵，它位于太王镇禹山村村北，墓内随葬品多而精美，此墓上曾出土"戊戌"纪年瓦当，这是高句丽王陵所见难得的文字史料，根据墓葬建造年代及高句丽年表，"戊戌"年应是338年，因此墓主很可能是高句丽第十六代王故国原王。

故国原王姓高，名斯由，是高句丽第十五代王美川王之子，在位41年，死后葬于故国之原，所以谥号为"故国原王"。

禹山992号墓为阶坛积石圹石墓，边长38米，高度约6.5米，墓的外观为方台状或称覆斗形。此古墓可以确定的阶坛石有7级。

992号墓上曾有相当规模的敷瓦，因此或许有墓

卷云纹 是我国古代青铜器纹饰之一。起源于战国，秦时得到进一步发展，汉、魏时代流行的装饰花纹之一。通过粗细、疏密、黑白和虚实等对比手法，组成各种卷云纹。由卷曲线条组成对称的图案，大都作为瓦当或金银器物上的边饰。云纹寓意高升和如意。

上建筑。东西两侧各有一座表面低平、周边整齐的石砌台形建筑，可能是用于祭扫献牲的祭台或是陪葬墓。

禹山墓区2110号墓是高句丽政权的早期王陵，位于禹山南麓中段缓坡与平野的交界处，北依禹山，面临平野，墓形巨大，位置独立，又有多座贵族墓葬拱卫其左右，形成以此墓为中心的大型陵墓群。

2110号墓为长方形阶坛积石基，因破坏严重，现存墓葬南北长66.5米，东西宽45米，高35米至55米。

墓葬砌筑前并未下挖基槽，而是直接构筑在黄土层上，以简单加工后的山砾石砌筑阶坛。可能是先砌筑第一级阶坛，然后在阶坛内填充山石和河卵石。当填石与阶坛平齐时，再砌筑第二层阶坛。

墓葬阶坛石所剩不多，只有东西两面还部分存在。墓葬东侧阶坛级数最多，可辨识13级。

陵墓遗存

古代陵墓与出土文物

■ 九都山城墓石碑

丸都山城禹山墓

在墓葬中部砌有两道东西走向的隔墙，使南北两侧分为两座墓葬。这表明禹山2110号墓应是双墓并列，各有圹室。

墓上有大量的瓦砾存在，瓦是直接覆盖于墓葬顶部的阶坛和封石之上。

禹山2110号墓发现有锅镂空三翼银箍铁镞和青铜人形车辖，这些均属贵重物品。由此推测，这应是一座高句丽王陵，其建造年代约在2世纪。

阅读链接

据文献记载，341年，燕王迁都龙城后，视高句丽为心腹之患。于是他亲自率领精兵4万人从南道进攻高句丽，另派长史王寓带1.5万兵马从北道进攻高句丽。

当时的高句丽第十六代王故国原王，错误地分析了形势，派重兵把守北道，自己带领老弱士兵依恃天险，把守南道，结果大败，故国原王单骑逃跑。

燕王取得胜利后，他捣毁了丸都山城，掳掠人口财宝，并掘开美川王陵墓，载走其尸。第二年，故国原王向燕王称臣进贡，才将美川王的尸体要回。

贵族墓葬的珍贵壁画

　　在吉林省集安市高句丽王城外，群山环抱的洞沟平原上，现存近7000座高句丽时代的贵族墓葬，堪称东北亚地区的古墓群之冠。

　　许多高句丽的贵族墓室里绘有线条飘逸流畅、内容丰富并具有传奇神话色彩的精美壁画，距今已经1000多年了，仍然色彩鲜艳。

　　据考证，高句丽壁画墓的建造年代在4世纪至7世纪之间，持续了

■ 高句丽的贵族墓

■ 高句丽陵墓内部

300多年，横跨了整个东晋南北朝时期。而这一时期的中原绘画实物资料保存至今的很少，因此，数量大艺术性高的高句丽古墓壁画显得弥足珍贵。

著名的高句丽贵族壁画墓有角觚墓、舞俑墓、三宝墓、四神墓、五盔坟等。

角觚墓属于洞沟古墓群禹山墓区，位于吉林省集安城东北3000米禹山南麓的坡地上，因墓中绘有两人角觚壁画故名"角觚墓"。

角觚墓是一座封土石室壁画墓，截尖方锥形封丘。封土直径15米，高4米。整个墓葬由墓道、甬道、左右耳室和墓室构成。墓道长1.2米，宽1.1米，高2.1米，上部两室相连为长方形覆斗顶，宽0.3米。近墓室处和连接墓道处均有白灰抹成的门框的痕迹。

墓室为单室穹隆顶，藻井是平行叠涩砌3层以后又抹角叠涩砌筑了4层，然后加上石板封盖，平面呈

角觚 我国古代摔跤运动。清入关前即已盛行。皇宫内时常有摔跤表演和比赛，并专设"善扑"营对摔跤进行训练。在民间，这种体育竞技活动也广为流行。比赛时，双方只穿裤褂褡裢和短靴。预备时，两脚叉开站稳，两臂交叉顺肩至腰间，相互抱住。比赛开始后，可用摔、绊、背等招式，以把对方摔倒在地为胜。

方形，四壁内收。底边长3.2米，高3.4米。

室内壁下有一残破的石板，似为破碎的棺床。墓葬耳室、甬道、墓室遍抹白灰上绘壁画，虽历经沧桑，显得斑驳，仍不失为高句丽颇具特色的壁画墓葬之一。

墓室四角绘储色一斗三升斗拱，上面承接赭色梁枋，梁相横贯四壁，上有卷云纹组成的三角形脊尖，将墓室分为四壁和藻井两部分。

墓室的东壁所绘《角觚图》最富有特色，人物神情惟妙惟肖，谐趣横生。画面中两位力士正在大树下奋力角觚，双方将头各置于对方肩上，手抓对方腰胯。势均力敌，难解难分。

壁画上的力士都仅穿一条短裤。赤裸着上半身，系着头巾。左边的力士高高的鼻梁，眼窝深陷，短短的胡须向上翘起，似为西域胡人。右边的力士蓄着汉式短胡须。

力士的右侧有一位白发长胡须的老者，腰上系着一条巾结，挂着拐杖，可惜面部已经脱落，是观赏者还是裁判就无从得知了。

画面左侧绘有廊柱四阿式房屋，屋外有一人。据分析可能是一个庖厨。

北壁正对甬道，梁枕下画有与北壁等长的帷幔。帷幔的上方有一道窄梁，大概是象征屋宇，檐上有等距的3个尖状屋脊。

屋内绘有《家居宴饮图》，画面中墓主双手叠压在一起，叉腿坐在木几之上。与墓主相对的右侧，有两位女子次第的跪坐在毡毯上面。都是双手合抱于胸前，低头朝面向墓主，猜测应该是墓主的妻妾。

在墓主左右的案桌上放置着弓箭、食具，而妻妾面前的案几上摆放着食物。墓主左侧绘有一坐者，画面已剥落，无法推知这个人的情况。

北壁最下方原绘有花草等图案，现在已经模糊不清。屋内外各绘有一个比例很小的仆人，拱手垂立。

墓室的西壁上绘有《备乘图》，图中两棵大树占据画面的大部分空间，树下有一列整装待发的队伍。队伍的前面是两匹鞍马，每匹鞍马都有驾驭者。其后有侍从和一辆牛车，均面北朝向墓主。

壁画 是指绘在建筑物的墙壁或天花板上的图案。它是人类历史上最古老的绘画形式之一。如原始社会人类在洞壁上刻画各种图形，以记事表情，这便是流传最早的壁画。作为建筑物的附属部分，它的装饰和美化功能使它成为环境艺术的一个重要方面。我国自周代以来，历代宫室乃至墓室都有饰以壁画。

辉煌古墓

高句丽墓葬壁画

■ 九都山城古墓

■ 贵族墓

耳室 我国古代建筑名称。耳室一般位于正屋两侧，恰如两耳在人脸的两侧，因而得名。耳室一般作为仓库使用。宋代以前墓穴之砖室，两旁砖壁中有小室，也称耳室。也就是主墓室旁边的小屋子，搁在墓室中它主要起一个仓库的作用。通常在主墓的左右两边，一共有两个。

墓室的南壁被甬道分为两部分。甬道四周用赭色粗线条影作门框。南壁左右两部分各绘有一棵枝繁叶茂的大树。

墓室的东西两耳室内角绘有木柱，上承横梁，至两室通贯内以粗枝树木、赭色树叶绘成，顶部仍以花蔓曲绕其间。

角觝墓壁画以社会风俗为主题，表现了墓主人生前享乐的场面，尤以角觝图神情毕肖、谐趣横生，为高句丽壁画仅见。根据比较研究，其建造年代在4世纪左右。

舞俑墓位于集安城东北3000米，因墓中绘有群舞画面而得名。该墓为封土石室壁画墓，截尖方锥形封丘，封土边长17米，高4米。

墓葬用石材砌筑墓道、甬道、耳室及墓室，外培黄褐色黏土成丘，墓室、甬道、耳室均用白灰涂抹，上绘彩色壁画。这些壁画题材独特，是高句丽贵族生活的写照。

群舞画面上优美的舞姿给人以清新的感受，舞者如觉其动，歌者如闻其声，是高句丽保存下来的珍贵舞蹈资料。

马槽墓是一座封土石室双室壁画墓，外呈截尖方锥形，周长90米，高4.6米。墓内分南北两室，各自有墓门和甬道。两墓室均用石块砌筑，墓室四壁、耳室及甬道上均有壁画。

南墓室后壁通壁绘一屋宇，屋宇内夫妻对坐，周围是奴仆、侍女等人物。

屋宇上方绘红黑相间的7朵正视莲花。左右两壁绘礼辇图，前壁室门两侧绘舞乐图及守门犬。甬道右侧耳室后壁与左壁绘马厩图，上拴红、黄、青马3匹，十分神骏。

甬道左侧耳室后壁绘作画图，甬道两壁绘狩猎图。北墓室主壁绘夫妻对坐图，右壁绘狩猎图，左壁绘武士斩俘图，为高句丽壁画中所仅见。

环纹墓为截尖方锥形封土石室墓，封土残高3米，周长80米。

此墓墓室平面略呈正方形，墓室与墓道底部均用石材铺成，四壁

■高句丽马槽形陵墓

四神 也叫四象、四灵。我国春秋战国时期，由于五行学说盛行，所以四象也被配色成为青龙，白虎，朱雀，玄武。两汉时期，四象演化成为道教所信奉的神灵，故而四象也随即被称为四灵。四神在我国古代中另一个主要表现就在军事上，在战国时期，行军布阵就有"前朱雀后玄武，左青龙右白虎"的说法。

均用白灰涂抹，上绘壁画。墓道两侧各绘怪兽图。北壁怪兽身饰虎纹，背上羽毛飞扬；南壁怪兽身饰条纹、环纹。

壁画布局严谨、工整、对称，色彩鲜艳、技法娴熟，颇具特色。

墓室四壁绘画，梁枋、绘柱、斗拱俱全，并绘彩色环纹20余个，整个墓室宛如一座彩绘的屋宇。墓室顶部残留有青龙、白虎图画形迹，为四神图像。

冉牟墓位于集安城东北太王乡下解放村。墓主冉牟为高句丽贵族，其先祖曾官至"大兄"。

冉牟墓为截尖方锥形封土石室墓，周长70米，封土高4米。墓内有前后两室，中有甬道相通。前室平面呈横长方形，后室平面呈方形，靠左右壁各置一石棺床。

墓道、甬道及两墓室四壁均用整齐的石材砌成，遍涂白灰。两墓室构造各异，前室为覆斗式，后室为抹角叠涩两层，然后封石盖顶。

■ 高句丽冉牟墓

■ 洞沟古墓群的贵族墓

墓道、甬道、墓室内白灰壁画保存尚好，前室四壁与顶部交界处由长石条构成梁枋。

左壁梁枋下有一条长1.8米，宽0.06米、深两厘米的石槽，槽中、梁枋上相对有3个钉孔，似悬挂壁帐之用。

最为珍贵的是此室正壁梁枋上的牟头娄墨书题记。正文79行，每行10字，纵横间以界格，另有题两行。全文800多字，可辨识者350余字，题字为隶书，有汉简书法风格，工整流畅。

这篇墨书题记是仅次于好太王碑的长篇文字资料，对于研究高句丽的历史具有十分重要的价值。

洞沟12号墓位于高山南麓平缓的坡地上，也称"马槽墓"，墓室中因画有《马厩图》而得名。它是一个高句丽早期壁画墓。北侧为另一座高句丽壁画墓，即散莲花墓；南侧与集锡公路相接，距五盔坟约460米。

在所属墓区上，洞沟12号墓隶属洞沟古墓群禹山

隶书 也称汉隶、隶字、古书。是我国汉字中常见的一种庄重的字体，书写效果略微宽扁，横画长而直画短，呈长方形状，讲究"蚕头雁尾、一波三折"。隶书起源于秦朝，由程邈形理而成，在东汉时期达到顶峰。是在篆书基础上，为适应书写便捷的需要产生的字体。

■丸都山城古墓

古代陵墓与出土文物

墓区。洞沟12号墓是一座封上石室双室墓，即同一个封丘中有两座墓室。墓室外观呈截尖方锥形。周长90余米，高46米。

墓域一周排列着略加修筑的大石块，后来保存下来的有9块，石块长两米，宽、高各一米。墓门向西。墓葬南、北两座墓室平行并立，各有独立的墓门和甬道。

南侧墓室面积稍大，墓顶为穹隆顶。南道南北两侧各有一个耳室。北侧墓室面积较小，墓顶为四阿式，南道北壁有一个耳室。

两座墓室均由大小不等的石块砌筑，上面涂抹白灰。与其他早期壁画墓不同的是，白灰上似曾涂有一层胶状物，以求光洁耐久。

墓室四壁、耳室及甬道的壁上，均绘有壁画。以朱、黄、白、黑等色彩为主。可惜随着岁月的流逝，大部分壁画已脱落或漫漶不清，但从残存部分还可以辨认出夫妻对坐、战斗、射猎、舞乐、厩舍、礼辇、作画等图像。

南墓室后壁整幅绘成一座屋宇，青瓦覆盖屋宇。屋内绘有夫妻两人。男主人坐在左侧长方形矮榻上面，女主人拱手跪坐在右侧，周围绘有奴仆、侍女等。

左右两壁壁画大部分脱落。

右壁中部还可以看出一幅《车辇图》。一名童子手扶车辕向东行走，车前有3名侍者；左壁左端绘有一名男侍，手挽车辕向前行走，车后有待女跟随。

墓门右侧上部绘有一姿态优美的舞蹈者，以及一跪坐抚琴的伴奏者；下部绘一只蹲伏的守门犬，昂首竖耳。藻井第一重顶石绘菱形云纹图案，其余各层均绘有仰视莲花图案。

甬道右侧耳室后壁与左壁绘有《马厩图》，这是该墓室中较为著名的一幅壁画。画中的马厩内，横放着黄色的马槽，上面拴着红色、黄色、青色3匹马，昂首并立。在该墓室左壁上还绘有一件青色的马鞍具。右壁壁画已脱落。

墓室甬道左侧耳室的后壁，绘有《作画图》，画中一位面目清癯、体态修长的老者，他右手持笔伸向前方，做绘画姿势。

北墓室主壁绘有《夫妻对坐图》，图中夫妻周围有男女仆人侍立。

北墓室左壁后段绘《斩俘图》。画中有一名武士身披鱼鳞甲，身后有一匹黄马，身前跪着一名披着铠甲的俘虏。此时，武士左手伸向

■ 高句丽古墓

■洞沟古墓群的封土墓

俘虏，右手举刀，正要斩杀俘虏。

北墓室右壁绘《狩猎图》，画中一人身穿鳞甲，骑着红色的马；另一人身穿白色的铠甲，骑着白色的马。两人张弓搭箭，逐鹿山林。

从墓葬结构和壁画内容看，洞沟12号墓的墓主应是高句丽的贵族，壁画中的台榭楼阁、厩满马肥、歌舞宴乐、奴婢成群，应是墓主生前生活的写照。

同样，根据壁画的内容也可推测，洞沟12号墓的建造年代大约为5世纪。

长川墓分为1号墓和2号墓。1号墓是一座封土石室壁画墓。它坐落在集安市区东北黄柏乡长川东村北山坡上。

这座墓由墓道、前室、甬道、后室组成。用工整的花岗岩石条砌筑，白灰抹平。1号墓以丰富多彩的壁画著称。

1号墓前室、后室、四壁藻井、甬道两壁石门正面以及棺床表面，均彩绘壁画。大部分壁画形象清晰、色泽艳丽、内容新颖。

前室四壁上方以赭色单线画界格与顶部藻井隔开，甬道口用赭色的宽带影做门框。四壁下均涂赭色。

西壁为墓道中穿，南北两侧壁各绘一力士，但多剥落。东壁为甬道中穿，南北两侧各绘一双手置腹恭身侍立的守门人，略侧身向甬道。南壁画面多脱落，仅存中部和靠两端部分。

长川1号壁画墓是一座重要的高句丽贵族墓葬，这座墓葬壁画摄取了100多个人物形象，展现了高句丽社会生活风貌和浓重的佛教气息。

墓中的礼佛图是高句丽古墓壁画中所仅见的，为研究佛教在高句丽流传提供了难得的资料。壁画虽经历1500多年的风雨剥蚀，但依然完好，色彩鲜明。

长川2号墓位于集安城东黄柏乡长川墓群东部二级台地上，为封土石室壁画墓，呈截尖锥形，周长143米，残高6米。

长川2号墓由墓道、南北耳室、甬道、墓室五部分组成。该墓早年被盗，石棺床上的木棺被焚，四壁及藻井上的壁画大部分被熏黑。

基底铺石材，上置南北排列的两棺床，表面涂抹白灰，床上均置有木棺，棺上有镏金梅花饰件，南棺床上有大面积的炭块和铁钉及零碎的人头骨等。南北耳室上都绘有王字图案。墓内共有遗物60余件，有铁器、镏金器和陶器等。

2号墓是长川墓群中形体最大的一座。宏伟的墓室、精致的石棺、绚丽的壁画以及大量镏金饰品的出土，说明墓主人身份很高，很可能

■高句丽古墓

■古墓旁石块

是当时王族中颇有权势的显赫人物。此墓年代约在5世纪末。

五盔坟4号墓属于高句丽晚期壁画墓的典型墓葬，位于禹山贵族墓地景区内，在吉林集安洞沟盆地的中部。

这个墓名的由来，和墓群的造型、编号有关。在洞沟古墓群禹山墓区内有5座巨大的封土墓，东西向排列在一条直线上，看上去像5个巨大的头盔。当地人称之为"五盔坟"。4号墓，即由西向东的第四座墓葬。

五盔坟4号墓属于封土石室壁画墓，覆斗形封丘。周长160米，高8米，由墓道、甬道、墓室构成。

五盔坟4号墓的墓室是平地起筑，以修琢工整的巨大花岗岩石材砌筑而成，用白灰勾缝。平面呈长方形，东西长42米，南北宽3.68米，高3.64米。

墓的四壁为两层石条砌筑，梁枋以上作两重抹角叠涩藻井，上覆盖顶石。

墓室内南北平行放置3座石棺床。南壁西端有一东西走向的石座，可能是放置随葬品的台座。墓室底部用平整的石板铺垫。

五盔坟4号墓中，墓室四壁绘四神，以网状莲花火焰锦连续图案为衬地，在网纹衬地里绘有人物图像，或坐或立于莲台上，姿态各异。

墓室的东壁绘有《青龙图》。图中龙首高昂，龙口张开，吐出红舌。龙身一波三折，前肢平伸张爪，后肢用力蹬开，装饰白羽，向南飞腾而去。

陵墓遗存

古代陵墓与出土文物

整个龙的眉羽、眼睛、犄角都描绘得淋漓尽致。龙身为黄、绿、红褐色，龙颈为红、黄、粉色，以黑色斜方格勾勒鳞纹。

墓室的南壁绘有《朱雀图》。画面中的神鸟通体为红色，足踏莲台，展翅修尾，引颈长鸣。

墓室的西壁绘有《白虎图》。画中之虎与东壁青龙相对称，也向南作飞扑的姿势。虎身为白色，以墨线勾勒出皮纹，细长的腰身，尾巴向上翘起。

整体看来，图中的这只老虎虎头高昂，虎目圆睁，虎口大开，露出白色的獠牙，显得异常威猛。

墓室的北壁绘有《玄武图》。画面中一条大蛇缠绕在一只龟身上，两首相对，两尾相交，似争斗、似嬉戏。蛇身为5种颜色，与青龙相同。图中的龟，其背为红褐色，无甲纹。

墓室中所绘制的这四神，还是有缘由的。在古代

二十八星宿 是古人为观测日月、五星运行而划分的28个星区，用来说明日月、五星运行所到的位置。常应用于我国古代天文、宗教及星占、风水吉等术数中。28宿从角宿开始，自西向东排列：东方称青龙、南方称朱雀、西方称白虎、北方称玄武，即四神。

辉煌古墓

高句丽墓葬壁画

■古墓的巨石

伎乐 是指在露天演出的音乐舞蹈剧，即我国的乐舞，由于隋初设置国伎、清商伎、高丽伎、天竺伎、安国伎、龟兹伎、文康伎七部乐而得名，传入日本后或称伎乐舞。相传612年，在吴国学习乐舞的百济人味摩之归化了日本以后，开始在日本传授伎乐，最后更把这种舞蹈定为佛教祭仪。

四神，也称四灵，即朱雀、玄武、青龙、白虎，是远古先民对天上二十八星宿所构成的4组图像的称谓。

在过去，古人以为四神是上天向正四方而派出的神灵。因此有南朱雀、北玄武、东苍龙、西白虎之说。墓室中东南西北各壁上的壁画，正是与这种说法相对应。

四壁以上为梁枋，梁枋上共绘有8条龙，每面两条相缠。在整个墓室壁画中，共有龙30多条。

龙是身份地位的象征，普通百姓的墓室中是不可能绘有龙的，据此推断，五盔坟4号墓的墓主至少是高句丽的贵族。

墓室四角绘有相同的托梁怪兽。图中是兽面人身，头上长角。左腿屈曲右腿后蹬，双臂奋力上举，托起两条盘曲的龙。

墓室藻井部分也有壁画，这里的壁画内容以神仙、羽人、伎乐仙人为主。

第一重抹角石相交处各角的壁画最为典型。

东角两抹角石绘的是《神农氏燧人氏图》。这幅画面反映人类结束了茹毛饮血的时代，开始从事农业生产。图中左侧神农氏牛首人身，传说神农氏是农业的始祖。图中的神农氏手持禾穗，教人以五谷。

■高句丽陵墓内壁画

图中右侧的是燧人氏，传说他是钻木取火的发明者，被尊为三皇之首，奉为"人祖"。图中的燧人氏手持火把，教人用火。

南角两抹角石所绘的故事《奚仲父子图》。奚仲为传说中马车的创制者。画面中一人在树下冶铁，一人在造车轮，表现了古代手工业生产的状况。

辉煌古墓

高句丽墓葬壁画

■高句丽陵墓内伏羲女娲壁画

西角两抹角石绘一乘龙仙人，头戴平天冠，身着袍服，似为传说中的黄帝。后面有一人乘飞廉，手持旗幡为仪仗。据分析，这幅图的画面反映了远古国家政权产生的历史。

北角两抹角石所绘的是《伏羲女娲图》，形象均为人的上半身、龙的下半身。

图中的右侧伏羲为男子形象，双手高举一个绘有三足乌的圆盘，象征太阳。在我国古代传说中，伏羲是东方的天帝，是华青氏踩了雷泽中雷神的足印而生出的儿子。

图中的左侧女娲为女子形象，面色白皙，长发披肩。手举一个绘有蟾蜍的圆盘，象征月亮。女娲是创世女神，她用黄色的泥土创造了人类。

据说，伏羲和女娲结成夫妇以后，分别成了"人祖爷"和"人祖奶"。因此，后人认为这幅《伏羲女

飞廉 也称蜚廉，是我国神话中的神兽，文献称飞廉是鸟身鹿头或者鸟头鹿身，秦人的先祖之一。在我国古代神话书籍《古史薇记》中称：飞廉帮助上古时代九黎族部落首长蚩尤一方参加华夏九黎之战。曾联合雨师屏翳击败冰神应龙。后被女魃击败，于涿鹿之战中被擒杀。

■ 高句丽陵墓内壁画

蟠龙 是指我国民间传说中蛰伏在地而未升天之龙,龙的形状做盘曲环绕。在我国古代建筑中,一般把盘绕在柱上的龙和装饰庄梁上、天花板上的龙均习惯地称为蟠龙。相传,蟠龙是东海龙王的第十五个儿子,曾施法降雨、驱逐怪兽造福于人间,最后累死于大地上。在高句丽贵族墓室内,便有蟠龙壁画图样。

娲图》,寓意着人类的诞生。

除了上面的壁画外,在第一重抹角石四面正中处,各绘有一条龙。背部高高躬起,似在顶托上方的石条。

龙头低首回顾,龙口张开,而且口中有洞,可能原镶嵌有夜明珠一类的珠宝。

在第二重抹角石上,绘有日月星辰和伎乐仙人。伎乐仙人弹奏的乐器有琴、腰鼓、长笛等,这和当时高句丽乐器种类的繁多有一定的关系。据说当年高句丽的乐器十分丰富,壁画墓中描绘的乐器就多达21种,包括玄琴、筝、长笛、鼓等。

墓室的盖顶石为一整块菱形石板,上面绘有一条五彩蟠龙,张口吐舌,昂首盘旋。

据考证,五盔坟4号墓的建造年代在6世纪末7世纪初。其丰富多彩的壁画题材,是高句丽民族在艺术追求上的充分显示,也透射出对中原文化绘画传统的借鉴与改造。

五盔坟4号墓中的壁画构图严谨,布局得当,形象生动,线条奔放有力,色彩热烈浓重,用红、黄、白、黑、绿、赭等色,直接画在石面上,异常牢固,色泽如新，属于高句丽晚期墓，代表着高句丽壁画艺术的较高成就。

禹山3319号墓是一个高句丽贵族墓葬，位于洞沟古墓群禹山墓区的西端，集安市区北侧的小山岗上。

禹山3319号墓的墓室是用砖砌筑的。这种砖室墓在洞沟古墓群中只发现两座，另一座是麻线墓区682号墓。

同时，禹山3319号墓中发现一组釉陶器。这些陶器都是实用器具，有鸡首壶、熏炉、耳杯、虎子。这些都是当时晋朝的流行器具，在高句丽墓葬中不多见，应是从中原传入的。

从墓室形制、墓室构造及遗物多来自中原等情况分析，禹山3319号墓的墓主来自中原，可能是晋代投奔高句丽的东夷刺史校尉崔毖。

禹山3319号墓是一座阶坛积石砖室墓。平面呈方形，边长21米。现可见三级阶坛，墓上及周围有大量板瓦、筒瓦和少量瓦当，或许为墓上原有建筑。

禹山3319号墓中有带"丁巳"年号的文字瓦当，"丁巳"年当为357年，这就确定了墓主的身份。

在墓葬南面的左右两侧，各立有一巨大的石块。左侧石块表面较

■高句丽古墓遗址

■高句丽石砖墓

平整，上面刻有一个人物形象。石刻所用的石材为灰绿色沉积岩。

画面长1.04米，宽0.54米，单刀阴刻。所刻人像脸作桃形，双目上斜，鼻梁笔直，鼻翼肥厚，小口，耳做弓形。

人像的颈部以下只用简单弧线象征肩臂，并收缩为狭窄的身躯，半裸身，胸前以两个带圆心的圈表示乳头。颈部至胸部，有一周19个以两乳头中间为凿刻的圆点，又以此为中心，横、竖分别有两列呈十字形的圆点。

这个石刻人像是唯一的高句丽人像石刻。据推测，这处石刻所表现的内容应与祭犯或崇拜相关。

四神墓位于集安城东禹山南麓，因墓内绘有四神像而得名，也称"四神冢"。

此墓为截尖方锥形封土石室墓，分墓道、甬道、墓室三个部分。墓道在墓室南壁的中央，北接甬道进入墓室，甬道北端用巨石影挡住墓门。

墓室呈正方形，均用修琢工细的巨形青绿色页岩构筑。四壁稍向内倾，其上为抹角叠涩藻井。墓内共有7层石块砌筑，于第四层开始抹角叠涩两层，再加大石板封顶。

墓室内有棺床两组，居中棺床由两块长方石条合筑，东壁棺床稍小。

北壁下有放置随葬品的石座两个，西壁偏南部也有石座一个。墓内壁画以朱、黄、赭、紫、石黄、石青、胡粉等鲜艳的矿物颜色，直接绘于四壁的岩石之上，五彩缤纷、颇为绚丽。

四壁上绘的四神构图严谨，笔力豪放，线条遒劲简练，色调强烈明朗。满壁飞云辅以星辰，有动有静，技艺高超。从建筑规模到壁画内容，显示出墓主人的高贵身份。

集安古墓壁画内容丰富多彩，早期和中期的壁画拙朴、雅气，充满灵性，十分贴近现实生活，流露出一种天真和幽默，好似一部形象的历史长卷，真实生动地再现了高句丽民族的乡土乡情和社会风貌。

阅读链接

高句丽壁画墓葬是这样发现的：

1889年，京师拓工李云从来集安捶拓好太王碑时，发现有的古墓中"壁上现龙凤，彩色如新"。李云的这一发现和记录，被认为应该是有关高句丽壁画的最早记录。

随着高句丽遗迹逐渐被世人所认知，及考古工作的深入，进入21世纪，人们共发现高句丽壁画墓108座。在我国境内有37座，其中辽宁省桓仁县境内两座、吉林省集安市境内35座，朝鲜境内有71座。

高句丽壁画墓分布比较集中，大部分以高句丽的3座都城址，即辽宁省桓仁县五女山城、吉林省集安市国内城、朝鲜平壤城为中心，散布在其左右。也因为这个原因，城址附近是否有壁画墓存在，成为判定高句丽王城的一条标准。

好太王碑和古墓八卦图

　　吉林省集安市保存着世界上最多的高句丽陵墓古迹，包括山城、陵墓、碑石、上万座古墓和众多的出土文物，构成令世界瞩目的洞沟文化。这其中最著名的是好太王碑和古墓壁画，特别是壁画中出现了

■集安好太王碑亭

■好太王碑亭匾额

我国最早的八卦实图。

好太王碑在吉林省集安市东太王乡大碑街，其西为好太王陵。好太王碑是高句丽的重要碑刻，又称好大王碑、广开土王碑、广开土王陵碑或永乐太王碑。

好太王碑是好太王的儿子长寿王于414年建立的，由一方柱形角砾凝灰岩巨石略加修琢而成，石质粗粝，碑面不平。这种石料多见于集安一带的鸭绿江边。

好太王碑高6.39米，底部宽1.34米至1.97米，顶部宽一两米，第三面最宽处可达两米。整个碑体矗立在一块花岗岩石板上。碑的四面均凿有天地格，而后再施竖栏。

好太王碑的碑文镌刻在竖栏内，四面环刻，共44行，每行足字41字，原刻总计1775字，其中141字已脱落无法辨识。

碑文为汉字，为方严厚重的隶书，也保留部分篆书和楷书，形成一种方方正正的书法风格，是我国书

鸭绿江 关于鸭绿江的名称来源有多种说法：一是因江水颜色似鸭头之色而得名；二是因上游地区有鸭江和绿江两条支流汇入而得名；三是鸭绿江为满语的音译，在满语中是"土地边端，疆界分野"之意；四是"鸭绿"一词为古阿尔泰语，形容水流湍急状态。这里生活着鄂温克民族先民粟靺鞨族中的一个氏族雅鲁氏。

法由隶入楷的重要例证之一。碑文书法方严端庄、朴茂古拙。

碑文内容分三部分：第一部分记述高句丽建国的神话传说，并简述好太王的行状；第二部分记述好太王征伐百济、救新罗、败倭寇、征东夫余过程中攻城略地并掠得牲口等史实；第三部分根据好太王遗教，对好太王墓守墓人烟户来源和家数作了详细记载，并刻记不得转卖守墓人的法令。

好太王碑文第一段记叙了高句丽建国的神话传说：

> 唯昔始祖，邹牟王之创基也。出自北夫余，天帝之子母河伯女郎。剖卵降世，生而有圣德。……
> 王临津言曰："我是皇天之子，母河伯女郎，邹牟王。为我连葭浮龟。"应声即为连葭浮龟，然后造渡。于沸流谷，忽本西，城山上而建都焉。

■好太王碑释文

据此，高句丽始祖邹牟王当出自北夫余，由夫馀南下至浑江流域的卒本川，即今桓仁五女山城，创立了高句丽政权。

好太王在位22年，高句丽国家政治稳定、经济繁荣、军事力量强大。为了纪念好太王一生的功业，铭刻守墓烟户立了这块碑。

第二段以较大的篇幅，记录了好太王一生东征西讨，开拓疆土的战事和军事活动。

■ 好太王陵墓

碑文中主要是对百济和倭的讨伐战争，同时救援新罗。百济和新罗是朝鲜半岛南部、洛东江以西以东的两个国家；倭则是日本列岛上的古代国家。

倭人多次渡海到朝鲜半岛侵扰新罗、百济，并与百济联兵向高句丽南部边境进犯。因此，好太王亲率大军打败倭寇，征服百济，夺得百济64座城，1400个村子。

好太王的一生，攻城略地，表现了强大的武功，将碑文和有关文献结合，可看出其戎马生涯的全部。

第三段铭刻了好太王的守墓烟户，国烟30家、看烟300家，共330家。国烟的身份比看烟的身份略

烟户 是我国古时对人户的书面称呼。据《清会典·户部·尚书侍郎职掌五》中记载："正天下之户籍，凡各省诸色人户，有司察其数而岁报于部，曰烟户。"清代陈天华的《狮子吼》第三回记载："该村烟户共有三千多家。"

■高句丽墓砖

什伍制度 我
国古代户籍编
制，五家为伍，
十户为什，相
连相保。《管
子·立政》：
"十家为什，五
家为伍，什伍
皆有长焉。"
《史记·商君列
传》："令民为
什伍，而相牧司
连坐。"也指古
代军队编制，5
人为伍，10人为
什，称什伍。后
泛指军队的基层
建制。

高些，其比例关系为以一带十，成为高句丽社会什伍制度的缩影。

同时，该碑还镌刻了好太王教言与守墓制度等，对于了解高句丽的社会生活及王族丧葬制度具有十分重要的意义。

高句丽古陵墓群中的古墓壁画为世界绘画艺术的一座丰碑。据《三国志·东夷传》记载，高句丽人深受中原影响，对修坟建墓十分重视，并有厚葬的习俗。

在高句丽权贵的坟墓中，除陪葬品之外，常常绘有五彩缤纷的壁画，所用的材料多半是矿物颜料。同时在壁画上还镶嵌珍贵的夜明珠、宝石等，这在我国古代壁画中也是罕见的。

集安古墓壁画完成于公元3年至公元42年，高句丽迁都平壤之前。由此推算，集安高句丽壁画创作时间与敦煌早期壁画创作时间基本相同，或更早一些。

在吉林省集安古墓壁画中发现的八卦图被认为是我国最早的八卦图实图。这幅在高句丽贵族墓中出现的极具个性的八卦图，可以在历史资料中找到与之相同的易学依据和联系，是论证高句丽文化与中原文化一脉相承的重要考古证据。

这幅八卦图出现在集安高句丽贵族墓葬五盔坟4号墓室北壁的左下角。壁上绘有一个道士形象的人，跣足坐于莲台上，左腿盘屈，右腿立起，披发低首，身着绿色羽衣，一只手在地上绘着一幅八卦图。

我国卦学界最早的八卦图是在古代文献中发现的。《古今图书集成·经济汇编》中刊载着11个带文王八卦图的古镜，其中年代最早的一块为6世纪末至7世纪初的"隋十六符铁鉴"。

五盔坟4号墓应建于5世纪末至6世纪初，因此，与"隋十六符铁鉴"相比，4号墓中的八卦图可能要早半个至一个世纪，至少与之同期。而作为八卦图实图，这个八卦图无疑为我国最早。

集安八卦图中八卦的方位排列与易学界流行的先天、后天八卦图排列迥异，有其独特的卦图排序。虽然如此，却完全可以在我国易学史资料中找到与之相

105

辉煌古墓

高句丽墓葬壁画

■高句丽墓砖

八卦图 衍生自中华古代的《河图》与《洛书》，传为伏羲所作。其中《河图》演化为先天八卦，《洛书》演化为后天八卦。八卦各有三爻，"乾、坤、震、巽、坎、离、艮、兑"分立八方，象征"天、地、雷、风、水、火、山、泽" 8种性质与自然现象，象征世界的变化与循环，分类方法如同五行。

通的易学依据和联系。

易卦文化是中华文化的源头之一，也是中华文化区别于世界其他文化的显著标志之一。集安八卦图首先填补了隋唐之前无八卦图实物的空白；其次，因为它的卦的组合与排列不同于通行本《周易》卦序确立的传统易学体系，为我国汉代存在多种版本的易学体系提供了确凿的证据，并且为探询易学源头提供了一条重要线索。

把八卦图画在壁画中，可以认为壁画的设计者或墓主人觉得八卦有通神、通灵的作用，表明了高句丽人对易学的崇尚。

被誉为"东北亚艺术宝库"的高句丽壁画墓，记载了我国古代东北少数民族的特殊文化，是五千年华夏文明的一朵奇葩。

阅读链接

好太王碑的碑铭是研究高句丽历史的珍贵资料，由于内容涉及朝鲜半岛和当年日本列岛倭人的活动，所以自光绪初年发现以来，备受中外史家关注。

由于碑体严重风化，碑文剥蚀不清，加之传世拓本多是经拓工用石灰在碑面上做了修补之后制成的，致使对此碑的释读分歧很大。

20世纪80年代初，我国学者经过深入调查，新识读了89字，认定各家有争议的字62个，查明过去认为是脱文而实际无字29个，共解决了180个字，从而使好太王碑的研究有了巨大突破。

三大古墓及遗存

　　睡虎地秦墓位于湖北省的云梦县，墓葬中发现了1100余枚秦代竹简，以及毛笔、石砚、墨块等文房用具，为研究我国书法、秦帝国的发展历史提供了翔实的资料。

　　楚王陵是西汉早期分封在江苏徐州的第三代楚王刘戊的陵墓，4000余件兵马俑是楚王陵的重要陪葬品。

　　宋陵位于河南巩义境内，有皇帝及皇后、大臣等的陵墓300余座，具有重要的文物价值和艺术价值。

睡虎地秦墓的珍贵竹简

睡虎地秦墓内出土的木牍

睡虎地秦墓位于我国湖北省的云梦县，墓葬中有1100余枚秦代竹简，以及毛笔、石砚、墨块等文房用具。

竹简上的秦代隶书，反映了篆书向隶书转变阶段的情况，其内容主要记载了秦代法律、医学等诸多内容，为研究我国书法、秦帝国的政治、法律、经济、文化、医学、等方面的发展历史提供了翔实的资料，具有十分重要的价值。

睡虎地秦墓的墓葬主人叫"喜"，喜生于公元前262年，在公元前246年时，喜年仅17岁即登记名籍为秦国服徭役，尔后历任安陆御史、安陆令史、鄢令史、治狱鄢等与刑法有关的低级官吏。

■《秦律十八种》节选

喜在公元前245年、公元前244年和公元前233年曾3次从军，参加过多次战斗，到过秦的几个郡县，最后亡于任上。他亲身经历了始皇亲政到统一六国的整个过程。记载喜一生的竹简文书《编年纪》，记载了秦最辉煌的时代。

喜生前任县令史，即县令属下小吏，参与过"治狱"。墓葬竹简法条是喜生前从事法律活动而抄录的有关法律文书，主要抄录了行政管理与"治狱"方面的律令条文，记录了刑事、经济、民事和官吏管理的法律条文。

这些法律条文肯定不是秦朝的全部法条，但是常用法律条文，其中还抄录了当时魏国的一个关于"赘婿"的法律，可能与秦律相同，也适用于秦国的法律活动。

秦简记载的秦律的形式主要有：

《编年纪》 亦称《大事记》，是一部竹简书籍，此简共53枚，简文为墨书秦隶，共550字，字迹大部分清晰可辨。竹简原无标题，主要内容为逐年记载了自秦昭襄王元年，即公元前306年至秦始皇三十三年，即公元前217年，秦统一中国的历次战争等大事，是留存至今的最早的一部历史书籍。

古墓奇珍

三大古墓及遗存

■ 《效律》节选

《律》：自秦始皇、商鞅时更"法"为律。秦律共202简，位于墓主身体右侧，简长0.275米，宽0.006米。

秦律共有《田律》《厩苑律》《仓律》《金布律》《关市律》《工律》《工人程》《均工》《徭律》《司空》《置吏律》《效》《军爵律》《传食律》《行书》《内史杂》《尉杂》《属邦》等18种，律名或其简称写于每条律文尾端，内容涉及农业、仓库、货币、贸易、徭役、置吏、军爵、手工业等方面。

《效律》：共61简，位于墓主腹部，简长0.27米，宽0.006米。标题写在第一支简的背面。改法对核验县和都官物资账目作了详细规定，律中对兵器、铠甲、皮革等军备物资的管理尤为严格，也对度量衡的制式、误差作了明确规定。

《秦律杂抄》：共42简，位于墓主腹部，简长0.275米，宽0.006米。包括：《除吏律》《游士律》《除弟子律》《中劳律》《藏律》《公车司马猎律》《牛羊课》《傅律》《屯表律》《捕盗律》《戍律》等墓主人生前抄录的11种律文，其中与军事相关的律文较多。

《法律答问》：共210简，位于墓主颈部右侧，

陵墓遗存

古代陵墓与出土文物

秦律 我国秦代法律的总称。公元前356年，商鞅变法时曾采用李悝的《法经》，并改法为律，颁行秦国。公元前221年秦始皇统一六国后，将秦律修订，作为全国统一的法律颁行各地。秦二世即位后，又修订了秦朝的律令。《秦律》的律文涉及到政治、经济、军事、文化、思想、生活等各个方面。

简长0.255米，宽0.006米。以问答形式对秦律的条文、术语及律文的意图作解释，主要是解释秦律的主体部分，即刑法，也有关于诉讼程序的说明。

《封诊式》：共98简，位于墓主头部右侧，简长0.254米，宽0.005米。标题写在最后一支简的背面。

简文共分25节，每节第一简的简首写有小标题，包括：《治狱》《讯狱》《封守》《有鞫》《覆》《盗自告》《盗马》《争牛》《群盗》《夺首》《告臣》《黥妾》《迁子》《告子》《疠》《贼死》《经死》《穴盗》《出子》《毒言》《奸》《亡自出》等，还有两个小标题字迹模糊无法辨认。

封诊式是关于审判原则及对案件进行调查、勘验、审讯、查封等方面的规定和案例。

《编年纪》：共53简，位于墓主头下，简长0.232米，宽0.006米。简文分上、下两栏书写，逐年记载公元前306年至公元前217年，即秦灭六国之战大事及墓主的生平经历等。

《语书》：共14简，位于墓主腹下部，简长0.278米，宽0.006米。标题写在最后一支简的背面。

《为吏之道》：共51简，位于墓主腹下，简长0.275米，宽0.006米。内容主要是关于处世做官的规矩，供官吏学习。

《日书》：甲种《日书》共166简，位于墓主

《法律答问》节选

■ 秦始皇（前259—前210），嬴姓赵氏，故又称赵政。我国历史上著名的政治家，首位完成中国统一的秦朝开国皇帝，13岁即王位，39岁称皇帝，在位37年。秦始皇建立皇帝制度、统一文字和度量衡、北击匈奴、南征百越、修筑万里长城。把我国推向了大一统时代，奠定了我国2000余年政治制度基本格局。

头部的右侧，简长0.25米，宽0.005米，两面书字。乙种《日书》共257简，位于墓主的足部，简长0.23米，宽0.006米，最后一简简背有"日书"标题。甲种《日书》载有秦、楚纪月对照。

秦的统一，是历史发展的必然趋势，但秦国和东方六国相比，它在统一的准备和进行过程中，确实发挥了较大的主观能动作用。这一点在秦律中有着充分的体现。

当时的地主阶级正处于上升时期，因此秦律的内容也还含有一种朝气蓬勃、富于进取的革新精神。

耕战政策，是秦的基本国策。"国之所以兴者，农战也"从商鞅至秦始皇，秦国始终坚持了这一政策。人民在这种政策下，努力从事耕战，从而使秦国国富兵强，为秦始皇的统一准备了雄厚的物质基础。

秦简中保留了不少有关重农政策的法律条文。例如《田律》规定：地方官在时雨之后，或连受旱、涝、虫、风等自然灾害时，必须及时向上级报告得益和受灾面积，以便上级掌握农业的生产情况，采取相应的措施。

还有《厩苑律》《牛羊课》规定：如饲养耕牛好

的，奖田啬夫一壶酒、10条干肉，赐牛长30日劳绩，免除饲养人一个月更役；饲养不好的，田啬夫要受斥责，并罚饲养人服徭役两个月；如果牛减膘，则笞打主事者。

这些规定，对农牧业的发展也能起到促进作用。

由于当时战争频繁，为了保证有足够的农业生产劳动力，《戍律》规定："同居毋并行"即一户不得有两人同时戍边。县啬夫、尉及士吏征发戍役时，如果违反这一规定，要罚二甲。

《司空律》还规定：以劳役抵偿罚金的人在农忙季节可以"归田农，种时(蒔)、治苗，时各二旬。"

《仓律》在秦律中占了相当大的篇幅，从粮食的收藏到加工、使用都制定了详细的法令。例如粮食入仓，"辄为？籍"，即登记石数，并注明仓啬夫、佐、史、廪人等仓库管理人员的姓名，共同加以封印。粮食出仓，也要经过同样手续。

如果出现亏空，隐匿不报或者移赢补亏，与盗窃同罪。如因保管不善使粮食损坏而无法食用，不满百石以下，斥责官啬夫；百石以上到千石，罚官啬夫一甲；过千石以上，罚官啬夫二甲，令官

啬夫 我国古代封建社会官职名称。战国时各国似均有此官，县啬夫与县丞等并举，地位近似。汉只在乡设啬夫，以听讼、收赋税为职务。魏、晋、南北朝也以啬夫为乡官。秦、汉另有专管某项事务的啬夫。如仓啬夫、库啬夫、苑啬夫、皂啬夫、厩啬夫、司空啬夫、发弩啬夫等。又有大啬夫、官啬夫。

■《为吏之道》竹简节选

啬夫、冗吏共同补偿腐败禾粟。

不但大量粮食亏损要受到惩罚，即使少量耗损也不行。如果仓库里有3个以上老鼠洞，就要罚一盾。

严密的仓库保管制度减少了粮食储藏过程中的贪污和损耗现象。封建国家有没有足够的粮食，不仅关系到农业经济的发展，而且也影响到地主阶级政权的巩固，《仓律》正是从这一个侧面反映了秦统治者的重农思想。

另外，在《金布律》《效律》等律文中，对统一货币、统一度量衡、限制商人的投机倒把活动等也作了若干规定，这些规定对加速封建经济的发展也起了重要的作用。

秦自商鞅变法以来就实行军功爵制度，用重赏鼓励人民在战争中杀敌立功。《封诊式》中有"夺首""争首"两个案例，生动地反映了秦执行军爵制度的情况。

秦简中的《军爵律》规定"从军当以劳论及赐"，即按功劳行赏。《秦律杂抄》也规定战死者有赏，"论其后"，即把死者的爵位赏给他的后人。如果临阵逃亡，则罚"以为隶臣"。

由于实行了这种严格的赏罚制度，因而秦国之民遇有战事，"父遗其子，兄遗其弟，妻遗其夫，皆曰：'不得无返。'是以三军之众，从令如流，死而不旋踵"。这样一来，就使秦国的军队成为战斗力最强的部队。

秦律对军队训练和武器装备也非常重视。如《秦律杂抄》规定：发弩啬夫射不中目标，罚二甲，免除其职务。驾驺被任命4年，不能驾驭，要补偿4年的徭

■《秦律十八种》节选

古墓奇珍
三大古墓及遗存

■ 《秦律十八种》节选

成，并罚教者一盾，免除其教练职务。发给士卒的兵器不完善，罚丞、库啬夫、吏二甲，撤销其职务，永不叙用。

秦律对于违反各种法令和制度的人往往罚以"赀"若干甲或盾，这也和统一战争需要大量武器装备有关。

另外，律文还规定：凡是骑兵都是先赋马，然后再选拔从军者。参军之后，还要进行课试，如果马被评为下等，令、丞、司马都要受罚。有了这样严格的考核制度，自然会收到兵强马壮的效果。

秦律能不能有效地发挥它的作用，秦的耕战政策能不能贯彻执行，在很大程度上取决于各级官吏能不能忠实地执行。

秦简《为吏之道》列举了吏有"五善""五失"，《语书》更明确地提出了"良吏"与"恶吏"的问题。对其中作恶多端的人，还要"志千里使有籍书之"，也就是说，把恶人的罪行记录在案，通报全国各地，使之成为恶吏的典型。

在秦律中保存了大量的有关官吏的任免、升迁和赏罚的条文，这些条文都贯穿着一个基本精神，即把

耕战 耕，即农耕；战，即作战。主要目的是实现兵农合一，既保障国家的经济力量，又保障国家的军事力量。春秋以前，只有贵族才能从军，战国以后，从贵族战争演变成为全面战争。耕战制度也就随着奴隶制度的瓦解而出现。到秦朝时，商鞅在秦国建立的二十等爵制度就是对耕战的保障。

是否通晓和能否执行法律作为考核官吏的主要标准。

秦律十分强调法治，并首先要求各级官吏必须知法、依法、执法，不得违法。例如《法律答问》专门有一条解释什么叫"犯令""废令"的问题：

> 律所谓者，令曰勿为而为之，是谓犯令；令曰为之，弗为，是谓法（废）令。

也就是说凡是"犯令"或"废令"的官吏都要依法惩办。

《除吏律》还对那些阳奉阴违、拒不执行中央政权各项政策法令的官吏，严加惩办。《行书律》甚至规定凡是"命书"和急件，必须立即执行；不是急件，也要当天处理完毕，不得拖延，拖延者必依法论处。

秦律非常重视各级官吏的选择和任用。例如《置吏律》规定：任用"吏尉"等官吏，如果任用了不该任用的人，未经上级审批，擅自让其到职视事或加以派遣，就要依法论处。

《除吏律》《内史杂》更明确规定："任法（废）官者为吏，赀二甲。"禁止任用这些人为吏或担任禁苑的治安保卫工作，对于巩固封建地主阶级政权有重大的

计用律不审而赢，不偿，以效赢，不偿之律赀之，而毋令偿。

官啬夫赀二甲，令、丞赀一甲；官啬夫赀一甲，令、丞赀一盾。其吏主者坐以赀、谇

如官啬夫，其它冗吏、令史掾计者，及都仓、库、田、亭啬夫坐其离官

《效律》节选

■ 出土的秦朝竹简

诏书 是我国古代皇帝布告天下臣民的文书。在周代，君臣上下都可以用诏字。秦王政统一六国，建立君主制的国家后，自以为"德兼三皇，功高五帝"，号称皇帝，自称曰朕。并改命为制，令为诏，从此诏书便成为皇帝布告臣民的专用文书。

意义。

为了提高官府的行政效率，严防官吏违法乱纪，秦律还十分强调官吏的责任制和实行对官吏的考核制度。《效律》规定：官吏各有自己的职责，如果失职，就要受处分。

《为吏之道》列举了当时县级政权机构的职责范围，它们不但要执行最高统治者所颁布的各种命令和诏书，征发赋税、徭役和兵役；而且要管理农田水利、官府手工业、仓库、苑囿等事，总共不下二三十项。

每一项都有专人负责，并且制定有专门的制度和法律。如果官吏玩忽职守，就要按法律治罪；已造成的损失，还要依情节轻重勒令其赔偿。对于欺骗上级、作奸犯科的官吏，更是严惩不贷。

《法律答问》规定，官吏弄虚作假，其罪在罚盾以上，不仅要依法论处，而且要撤职永不任用。另外，秦律对于官吏滥用权势、假公济私、伪造命令、盗用官印、私自挪用公款以及破坏耕战等，也都分别列有惩治的条例。

从秦律可以看出，封建国家力图通过法律的保证，使各级官吏成为地主阶级政权得心应手的工具。

因为只有秦的各级官吏都能忠实地履行自己的职责，地主阶级的国家机器才有可能发挥它应有的作用。

荀况曾周游列国，以后入秦，秦丞相范雎问他："入秦何所见？"

他回答："其百吏肃然，莫不恭俭敦敬，忠信而不。观其士大夫，出于其门，入于公门，出于公门，归于其家，无有私事也，不比周，不朋党，倜然莫不明通而公也。观其朝廷，其朝闲，听决百事不留，恬然如无治者。故四世有胜，非幸也，数也。"

荀况认为秦国是当时列国中治理得最好的诸侯国，已接近"治之至也"的境界，并希望秦国再接再厉，以期"令行于天下"。

果然不出荀况所料，秦始皇即位以后，只用了10年时间，就灭掉六国，完成了统一中国的大业。

秦的统一战争也不是一帆风顺的，中间还有一个曲折的过程。秦简《编年记》记载了从公元前306年至公元前224年80多年间秦对三晋和齐、楚的一系列战争。

秦昭王三十八年以前，由于在穰侯魏冉远攻近交的错误政策指导下，虽然战争频繁，但秦的实际得益甚小。

荀况 （约前313—前238），名况，字卿。战国末期赵国人。著名思想家、文学家、政治家，儒家代表人物之一，时人尊称"荀卿"。荀子对儒家思想有所发展，提倡性恶论，对重新整理儒家典籍也有相当显著的贡献。

古墓奇珍 二大古墓及遗存

■ 荀况画像

必精潔正直　欲富太甚，賤不可得　孤寡窮困　惠以聚之　縃。肖人臽心，不敢徒語恐見惡

慎謹堅固　毋喜富，　老弱獨傳　寬以治之　凡戾人，表以身，民將望表以戾真。表若不正

審悉無私　毋怨貧，　均徭貫韵　有臧不治　民心將移乃難親

《为吏之道》

秦昭王三十九年以后，形势发生了很大变化。由于采用了范雎的远交近攻的正确政策，把战争的目标集中到邻近的三晋。由于三晋之中又以韩为首攻的对象，所以没有几年，就先后攻占了魏的怀、邢丘和韩的少曲、高平、野王。这几次战役对削弱韩、魏，加强秦的势力，创造随时可以出击的态势，具有重要的战略意义。

特别是公元前260年著名的长平之战的胜利，歼灭了赵的有生力量，从此三晋再也无力和秦国对抗了。

公元前231年秦始皇亲政以后，继续推行远交近攻政策，预计进程是先灭韩，次灭赵、魏及楚、燕，最后灭齐。在统一战争期间，六国的封建割据势力越是临近末日，越是要做垂死的挣扎，统一与分裂的斗争达到了空前激烈的程度。

公元前228年为秦始皇十九年，是灭韩的第三年，刚刚打开统一战争的局面。南郡原是楚的故都郢所在地，南郡的北境紧靠故韩国的南境。《史记·秦始皇本纪》记载："二十一年新郑反。"

新郑为韩都，故韩也称新郑。这条记载和秦简《编年记》十九年、二十年、二十一年记事联系起来看，就可以看出，韩国灭亡以后，韩国的贵族并不甘心失败，仍在企图复辟，并发动叛乱。而秦国

也在时刻警备韩国贵族的复辟叛乱活动。

　　"新郑反"和"韩王死"发生在同一年，不是偶然的，说明这次韩国贵族一旦发动叛乱，迅即遭到秦的镇压并陷于失败，而韩王也落了个身首异处的下场。

　　《史记·秦始皇本纪》记载：秦王政二十三年"楚将项燕立昌平君为荆王，反秦于淮南"。二十四年"王翦、蒙武攻荆，破荆军，昌平君死，项燕遂自杀"。这两条记载为同一件事，昌平君应为秦简中昌文君之讹，简中另一个死者或即项燕。

　　时至今日，尚未见到完整的秦代法典，所见最多的法律条文也仅是睡虎地云梦竹简所载的1000多枚竹简记录的秦朝条文。

阅读链接

　　在秦简所述的18种秦律中，《田律》是农田水利、山林保护方面的法律；《厩苑律》为畜牧饲养牛马、禁苑林囿的法律；《仓律》为国家粮食仓储、保管、发放的法律；

　　《金布律》为货币流通、市场交易的法律；《关市律》为管理关和市的法律；《工律》为公家手工业生产管理的法律；《均工》是手工业生产管理的法律；《工人程》是手工业生产定额的法律；《徭律》是徭役征发的法律；

　　《司空》为规定司空职务的法律；《军爵律》指军功爵的法律；《置吏律》为设置任用官吏的法律；《效》指核验官府物资财产及度量衡管理的法律；

　　《传食律》是驿站饭食供给的法律；《行》为公文传递的法律；《内史》为掌治京城及畿辅地区官员的法律；《尉杂》是廷尉职责的法律；《属邦》为管理所属少数民族及邦国职务的法律。

狮子山下的汉楚王陵

楚王刘戊塑像

楚王陵是西汉早期分封在徐州的第三代楚王刘戊的陵墓，位于我国江苏省徐州市狮子山，4000余件兵马俑是楚王陵的重要陪葬品，楚王陵凿石为室，穿山为藏，墓室嵌入山腹内深达百余米。

楚王陵庞大的规模、恢宏的气势、奇特的建筑结构，无不令人叹为观止。它是徐州地区所有汉代陵墓中规模最大、保存最好、遗物最多、内涵最丰富、历史价值最高的一处特大型西汉王陵。

古城徐州自古为经济发达地域之一。这里群山环抱，地势险要，物产丰富，交通便利。东临大海，西控中原，南屏江淮，北扼齐鲁，从来都是兵家必争之地。古诗里说"自古彭城列九州，龙虎争斗几千秋"。

早在楚汉相争期间，汉高祖刘邦就曾封大将韩信为楚王，镇守在这里。刘邦称帝的第二年就封其异母弟刘交为楚王，都彭城，即徐州，管辖薛郡、东海等36县。

楚国是刘氏皇权的重要封国之一，楚王是当时楚国的最高统治者，西汉一朝，楚国传了12代王，至王莽的时候才断绝。

■ 楚王刘戊征战塑像

刘戊，是第一代楚王刘交的孙子。公元前174年继位，生性淫暴。传说即便是在汉文帝之母薄太后大丧期间，他也敢跑到皇宫里与宫女淫乱。

刘戊积极参与七国叛乱，公元前154年所率叛军被周亚夫打败，楚王家族为保自身利益，权衡利弊，劝其自缢，以死谢罪赢得中央王朝的谅解。刘戊于是拔剑自杀了。

刘戊自杀后，楚国宫廷考虑他是反国之王，一旦朝廷下诏书，必然不能享受王者之礼，于是匆忙将刘戊下葬，给朝廷一个"既成事实"，结果汉景帝并没有过多追究这位堂兄的罪过，同意按王爷规格将其葬在尚未竣工的王陵中。陵墓虽历经19年修筑，但刘戊

古墓奇珍

三大古墓及遗存

韩信（约前231—前196），我国西汉的开国功臣，历史上杰出的军事家，与萧何、张良并列为汉初三杰。曾先后被封为齐王、楚王，后贬为淮阴侯。为汉朝的天下立下赫赫战功，但后来遭到汉高祖刘邦的疑忌，最后以谋反罪处死。韩信是我国军事思想"谋战"派代表人物，被萧何誉为"国士无双"。

狮子山楚王陵

下葬时，尚未修完。

徐州市东郊有一座山峰，由于状若雄狮，故而当地的人称之为狮子山。

楚王陵坐北朝南，"依山为陵，凿山为葬"，陵墓直接开凿于狮子山的山体之中。南北总长 117 米，宽 13.2 米，深入山下 20 余米，总面积 851 平方米，开凿石方量 5100 余立方米。

楚王陵宏大的地下玄宫几乎把山体掏空，工程浩大，气势磅礴，全国罕见。这样一个浩大的工程，竟是2000多年前古人靠铁凿、铁斧等简陋的工具，一凿一凿开山而成的。

楚王陵墓是模仿地面宫殿的建筑群体，结构复杂，形制奇特。整座陵墓呈南北中轴线对称式建筑布局，从外至内依次为3层露天垂直墓道、天井、耳室、墓门、甬道、侧室、前堂和后堂等。

楚王陵中还包括庖厨具、浴洗室、御府库、御敌库、钱库、印库、前厅堂、棺室、礼乐房以及楚王嫔妃陪葬室等大大小小墓室 12 间，其设施结构一应俱全，再现了西楚汉王奢侈的生活场景，也印证了汉代盛行的"视死如生"的丧葬观。

外墓道的主体部分。两侧的墙壁都是2000多年前的原始形制，是完全靠人工把整整一座山掏空形成的，这一段的平均深度达14米。

在前面墓道接口处有一座陪葬墓。这种在墓葬入口发现陪葬墓的情况，在全国还是首次。墓中死者佩带的印章上刻有"食官监印"4个字，说明此人是负责墓主人膳食方面的一个官员。

主墓室口4块塞石为一组，一共4组、16块塞石，呈"田"字形把墓道封堵了整整10米。

可惜在王莽篡位的公元8年左右，盗墓者们从天井东侧向西北方向挖盗洞，一直挖到墓门口，他们把右上角的这一组塞石打上牛鼻眼，用绳系住，像牵牛一样平拖出来，然后从这里直接爬进了主墓。

但也幸好这样一来，盗墓者没有发现后面的3间

125

古墓奇珍

三大古墓及遗存

■ 楚王陵墓道口

朱砂 在我国古时称作"丹"。东汉之后，为寻求长生不老药而兴起的炼丹术。我国利用朱砂作颜料已有悠久的历史，朱砂"涂朱甲骨"指的就是把朱砂磨成红色粉末涂嵌在甲骨文的刻痕中以示醒目。后世的皇帝们沿用此法，用朱砂的红色粉末调成红墨水书写批文，就是"朱批"一词的由来。

墓室。当时的生产力十分低下，而这些塞石每一块都重达五六吨，这样浩大的工作量，绝不是一两个毛贼十天八天能干得了的。因此推测，这肯定是一次大规模的官盗。

在塞石的内侧有一块朱砂印文，写的是"第乙下阳，东方二，简道，广三尺九寸，高四尺半寸，寰丈五寸"。这段文字说明的是这块塞石所处的位置即它的尺寸大小。

由此可知，塞石是由内向外共分甲、乙、丙、丁4组，这一块就是位于第二组下面自东起的第二块塞石。从这段文字，可以看出当时墓葬的设计者对每一块塞石的位置和尺寸都有准确的标注，可见西汉时期墓葬建设水平之高。

墓内发现了大量的铜钱，一共17.6万多枚，但其他遗物由于被盗墓者捷足先登，大件的金银器都已被

■ 墓室陪葬品

盗，只剩下一些铜镜的残片以及铁甲片、铜箭头等。

墓室中有3件非常漂亮的金饰：左边是镶有祖母绿的金带钩，中间是金狮头，右边是金鹅鹏。它们不但金质纯净，雕工也十分精美。

可能因为当时有"君子无故，玉不去身"之说，而且玉龙象征着王权，把它盗出去，拿出去卖也没人敢买，留着还容易招来杀身之祸，所以盗墓者没敢拿走。

楚王陵的外观十分宏伟，内部修凿却比较粗糙。在东面的地方，可看到明显正在打凿的痕迹，很显然楚王埋葬时还没有来得及完工。

一般来说，棺材都应放在后室正中的地方，但由于楚王陵没有完工，只好将棺材移到了甬道东面的棺床上去了。

楚王陵中的西汉彩绘兵马俑已埋藏于地下2000多年，共计4000余件，这支象征着卫戍楚王陵墓的部队分布于6条俑坑，由步兵、车兵和骑兵组成。

兵马俑的步兵中有高大干练的官吏，也有一身戎装普通战士，如持长械俑、弓弩手俑、发辫俑；车兵中则有刀枪不入的甲胄俑和驾驶战车的驭手俑；骑兵俑则刚劲勇猛，蓄势待发。

1号坑前段全部放置站式俑，共516个，后段有陶俑约500件；2号坑前段放置各式陶俑832件，后段残存以跪座式俑474件；3号坑尚未开发；4号坑内有俑仅10余件，而且多破坏。

楚王陵的兵马俑有4条步兵俑坑和一条骑兵俑坑。整体看去规模宏

■ 楚王墓中的兵俑

螭龙 关于螭龙有两种说法：一说我国传说中的龙的来源之一。也称蚩尾，是一种海兽，汉武帝时有人进言，说螭龙是水精，可以防火，建议置于房顶上以避火灾；二说是龙九子中的二子，形体似黄兽，习性好张望或喜欢危险的地方，成为庙宇殿顶、堂塔楼阁等高处的龙或屋上的兽顶、殿角的走兽，也可压火灾。

大，造型美观，雄壮威武，并且塑造艺术与秦俑不同。秦俑以写实为主，而这些汉俑却是在继承秦代雕塑艺术的基础上进行的再创造，即面部表情上具有写实的特点，而形体塑造上则运用了写意的手法。

陵墓也是人类物质和精神文明遗存的载体，楚王陵还是一地下文物宝库。虽墓主室曾遭盗掘，但墓中依然发现各类随葬器物2000多套，约上万件。有金器、银器、铜器、铁器、玉器、漆器、陶器、骨器等各类遗物。

玉器共有200多件，包括丧葬、礼仪、装饰，及生活用玉等方面。丧葬用玉包括玉衣、玉璧、镶玉木棺、玉板等；礼仪用玉包括玉戈、螭龙玉饰等；装饰用玉包括玉璧、玉璜、玉环、龙形佩、玉冲牙、心形佩、玉觽、玉舞人、玉剑饰等；生活用玉包括卮、高足杯、玉枕、玉带钩等。

楚王陵的玉器博大精深，挺拔生动，代表了楚国玉器制作的最高水平。

东汉时期，玉衣使用有严格的等级制度，金缕玉衣只有皇家能够使用，诸侯王只能使用银缕玉衣，而在西汉时，玉衣制度并不严格，因此有金、银、铜或丝缕等，缕属的不同主要取决于经济实力。

楚王陵的金缕玉衣，用4000多片上好的和田玉玉片制成，工片小而精致，有的仅0.005米见方，玲珑剔透，温和润泽，是发现质量最好的玉衣，堪称绝品。

金缕玉衣的玉片有正方形、长方形、三角形、半圆形、月牙形等形状，最大的鞋底片近0.09平方米，最小的手套片不到0.001平方米，有的厚度还不到0.001米。

玉片的表面抛光光洁度很高，打孔工艺也很规

和田玉 是一种软玉，俗称真玉。质地致密、细腻、温润、坚韧、光洁。产于我国新疆，与陕西蓝田玉、河南南阳玉、甘肃酒泉玉、辽宁岫岩玉并称为我国五大名玉。和田玉在我国至少有7000年的悠久历史，是我国玉文化的主体，是中华民族文化宝库中的珍贵遗产和艺术瑰宝。

■ 楚王陵的金缕玉衣

范。一般一件玉衣由2000余片玉片拼缀而成，而这件玉衣用了4248片玉片，穿缀的金丝重近1576克，是我国玉衣中年代最早、玉片最多、玉质最好、工艺最精美的一件。

楚王金缕玉衣长1.74米，从头至脚连成一体，非常像古代的盔甲。由于与金丝长期接触，有些玉片已泛黄色，而有些玉片在散落后落到铜器上，所以就呈现出明显的翠绿色。

在2000多年前的西汉，从遥远的新疆运来玉料，再对每块玉片钻孔和磨光，编缀玉片还需许多特制的金丝，制成一套"金缕玉衣"所费的人力物力十分惊人。

但对永生的狂热追求，导致了玉衣等丧葬用玉的高度发达。西汉人认为，魂与魄互相依存，而魄依附于身体，只要身体不朽，人就可以留住魂魄，在阴间延续原来的生活。

王侯贵族们由此相信美玉凝聚了天地之精华，穿上玉衣便可尸身不腐，因此他们死后不仅穿上玉衣，连头部的七窍，甚至下阴和肛门，都配有玉罩或玉塞。

楚王穿着玉衣长眠在玉棺中，玉棺一面髹漆，一面镶贴各种形状的玉板，数量达2095块，镶玉面积接近9平方米，而且多是来自新疆玛纳斯河流域的碧玉。

楚王陵出土的玉龙

棺体和棺盖两部分组成外棺。其内还有一套彩绘漆木棺，彩绘漆木棺放置由金缕玉衣包裹的楚王尸

■ 楚王陵中玉板

体。如果把金缕玉衣也看作一副棺材，那么这位楚王使用3三套棺材，符合礼制关于诸侯王三棺的规定。

楚王陵中的兵器，如戈、戟、矛、铍、殳、剑等，填补了汉代初年冷兵器的一大空白。铜铍有好几捆，均为实用兵器，有大小两种，清楚地展示了这种兵器从秦末到汉初的演变过程。

楚王陵中发现印章200余枚、封泥80余枚，其数量之多，为历代王陵所仅见。印章封泥内容分为楚王廷官吏、军队武官、地方职官三类。

另外，楚王陵中发现的银盆可能是汉代最大的银器，还有显示王者风范的赤金带扣、"月如水，声如磬，万里无云"的玉耳杯、"沧海月明珠有泪"的走盘珠……件件都是工艺精湛的艺术品。

由于狮子山楚王陵规模大而主体建筑部分相对狭小、结构上缺少厕间和排水设施、建造粗糙、兵马俑仓促掩埋等现象。这座楚王陵墓几乎就和地面上的王

戟 古书中也称"棘"。是一种我国独有的古代兵器。实际上戟是戈和矛的合成体，它既有直刃又有横刃，呈"十"字或"卜"字形，因此戟具有钩、啄、刺、割等多种用途，其杀伤能力胜过戈和矛。戟在商代即已出现，西周时也有用于作战的。同时也可作为墓地陪葬品。

宫一样，随葬品也包括了楚王生前所使用的一切物品。这些精美的遗物，较为系统地展示了西汉楚国的历史风貌。

阅读链接

1977年，青年考古工作者王恺从洛阳市博物馆调回故乡徐州，一踏上这块充满浓郁楚风汉韵的土地，他就盯上了楚王陵。徐州城四周埋葬着西汉12代楚王，在王恺回来之前，徐州只能确定第一代楚王刘交的陵墓，其他11个楚王谁也不知道葬在何处。

1984年12月的一天，山脚下砖瓦厂的一个民工正在挖地窖。无意中发现了徐州彩绘兵马俑。

1985年10月，王恺率领物探队找遍了山上每个角落。他们在山上发现了大量的汉代瓦当、铺地砖。这表明，在汉代的时候，上有建筑物。王恺断定，这里就是当年楚王的陵园。碎石是当年古人在这里开山挖墓时剩下的，楚王陵墓就在主峰的腹腔里。

1990年，王恺和大家一起共找到了6座楚王陵，1994年11月，国家文物局批准发掘楚王陵。通过对出土的铜钱及印章、封泥、兵器的精心考证研究，王恺认定，墓主是西汉第三代楚王刘戊。

风水宝地的北宋皇陵

　　宋陵，即960年至1127年我国北宋王朝的皇帝陵。位于河南省巩义市境内，有皇帝及皇后、大臣等的陵墓300余座，是我国中部地区规模最大的皇陵群。现地上所存700多件精美石刻，具有重要的文化价值。

　　宋陵从963年开始营建，前后经营达160余年之久，形成了一个规模庞大、气势雄伟的皇家陵墓群。

　　北宋九个皇帝，除徽、钦二帝被金兵掳去死于五国城外，其余七

■ 宋陵神道

■ 围绕宋陵的建筑

赵普 字则平，我国北宋初期的杰出政治家，历史上著名的谋士。他15岁随父迁居洛阳，自幼学习吏治，是宋太祖赵匡胤"黄袍加身"的预谋者、"杯酒释兵权"的导演，三度为相，为一代名臣，从政50年，终年71岁。虽足智多谋却不好读书，后来在赵匡胤的劝告下开始读《论语》，有"半部论语治天下"之说。

个皇帝及宋太祖赵匡胤之父赵弘殷均葬在巩义，通称"七帝八陵"。加上后妃、宗室、亲王、王子、王孙以及高怀德、赵普、曹彬、蔡齐、寇准、包拯、狄青、杨六郎等功臣名勋共有陵墓近1000座。

围绕陵园的建筑有寺院、庙宇和行宫等，陵台植松柏，横竖成行，四季常青。陵园内苍松翠柏，肃穆幽静。

宋陵按照埋葬时间的先后，主要分布在西村、蔡庄、孝义、八陵4个陵区，占地30余平方千米。

八陵的顺序依次是：

西村陵区位于西村乡北的常封村和滹沱村之间，包括宣祖赵弘殷的永安陵、太祖赵匡胤的永昌陵、太宗赵光义的永熙陵；蔡庄陵区位于蔡庄北，有真宗赵恒的永定陵；孝义陵区位于县城西南侧，包括仁宗赵祯的永昭陵、英宗赵曙的永厚陵；八陵陵区位于八陵村南，包括神宗赵顼的永裕陵、哲宗赵煦的永泰陵。

北宋皇陵的诸帝陵园建制统一，平面布局相同，皆坐北朝南，由南向北为鹊台、乳台、神道列石；都有兆域、上宫和下宫。

神道北即上宫，上宫四周夯筑方形陵墙，称神墙；平面四方形，周长近千米，四面正中辟有神门，神墙四隅筑有阙台；上宫正中为底边周长200余米的覆斗形陵台，台下为地宫。东、北、西三门外各有一对石狮，南门外神道两侧排列着石兽、石柱及石雕的将军、大臣等。

后陵在帝陵西北，布局和建筑与帝陵相似，只是形制较小，石刻较少。

下宫在帝陵西北，是日常奉飨之处，地面建筑已

■ 宋陵中的石狮子

■ 宋陵中的石雕像

莲花座 据传佛祖释迦牟尼和观世音菩萨颇爱莲花，用莲花为座，自此所有寺院里的佛像都是以莲花为宝座，称之为莲花座。莲瓣座分为4层，莲瓣除每瓣边缘处，绘制白、红、白3条曲线勾边。每个莲瓣的外表还绘制图案。有的莲座在仰莲处不绘制花朵，而只渲饰色彩，勾边图案。

荡然无存。一些下宫的门外也有门狮一对。

宋陵与历代皇陵相反，面山背水，把陵台安置在地势最低的地方，这大概是受了风水学说的影响。

陵区内石刻很多，总数在千件以上。帝陵神道两旁石刻一般有23对，由南向北为望柱一对、驯象人一对、瑞禽一对、角端一对、仗马一对、控马官四对、虎两对、羊两对、客使三对、武将两对、文臣两对、门狮一对、武士一对。

宋陵石刻摆脱了传统的神秘色彩，采用圆雕、浮雕、线刻等多种技法，造型雄浑，表现手法细腻，着重反映了当时的世俗生活风貌，具有形神兼备的高超艺术造诣，不少是雕刻艺术珍品。

永熙、永定、永裕三陵的奔狮是石刻中最成功的作品。它们披鬃卷尾，昂首举步，神态豪迈而庄严，忠诚地守卫着帝后的安宁。

人物造像中的精品，当属驯象人和番使，以面貌和服饰特征表现人物不同的民族和身份。

永定、永裕、永泰三陵的石象身披锦绣，背置莲花座，长鼻委地，体态宏伟，生动传神。驯象人长发卷曲及肩，以带束发，额饰宝珠，臂有钏，腕有镯，戴大耳环。

诸陵番使造像，面目服装各异，他们手捧宝瓶、珊瑚、莲花盘、犀角、玉函等方物，象征着各少数民族政权要臣服于大宋皇朝之意。

其他石刻也各具特色，宫人双肩消瘦，束发簪珥，女性的特征惟妙惟肖；内侍体态微胖，神情拘谨，手执体现其身份的球仗和拂尘；武士身躯高大，形象勇猛，或拄剑肃立，或手执斧钺；文臣执笏在前，武臣拄剑在后，反映了北宋抑武扬文的官制序班；石虎尊严而高贵，石羊柔顺而淑美；华表为方基

笏 我国古代大臣上朝拿着的手板，用玉、象牙或竹片制成，文武大臣朝见君王时，双手执笏以记录君命或旨意，也可以将要对君王上奏的话记在笏板上，以防止遗忘。大唐武则天以后，五品官以上执象牙笏，六品以下官员执竹木做的笏。从清朝开始，由于习俗不同，笏板就废弃不用了。

■ 宋陵内巨大的人物石刻

■ 宋陵中的角楼

哀册 也称"哀策"，是我国古代文体的一种。封建时代颂扬帝王、后妃生前功德的韵文多书于玉石木竹之上。行葬礼时由太史令读后埋于陵中。古代帝王死后，将道葬日举行"遣奠"时所读的最后一篇祭文刻于册上，埋入陵中，称为哀册。一般说来，哀册皆作玉石册的形状。

莲花座，六棱或八棱柱身，柱顶为合瓣莲花。

塑柱是集各种装饰花纹于一身的雕刻品，它下部施方基莲花座，中间为六棱形柱身，上部以合瓣莲花结顶，柱身饰减地平钑或阴线刻缠枝牡丹及云龙、翔凤图案，线条流畅，结构谨严。

根据各类石刻的形态和装饰的变化，可将宋陵石刻分作前夕、中、后三期。

前期约当10世纪末至11世纪初，包括永安、永昌、永熙、永定四陵。各类人物造型带有晚唐遗风。

中期约当11世纪前半叶，包括永昭、永厚二陵。人物造像由粗壮逐渐变为修长，文臣静雅，武臣也有"儒将"风度。

晚期约当11世纪后半叶至12世纪初，包括永裕、永泰二陵。瑞兽图案失去了活泼神情，腹部两侧增饰云朵及水波纹，着意渲染其神秘色彩。人物皆做修长体态，文气十足，而威风日稀。

太宗妃子、真宗生母元德李后陵为太宗永熙陵的祔葬后陵之一。李后陵为斜坡墓道，墓门为券门，青石门楣和门扉线刻飞天、武士等图像。

李后陵墓室为接近圆形的多边形砖砌单室，穹隆顶，墓壁周围砌有砖雕的角柱、昂、耍头、枋、橼、望板、檐瓦等，耍头锋面还刻有人首、人身、两手合掌、鸟腹、鸟爪、背上有翅的迦陵频伽图像

还有墨线勾勒的盆花图案，周壁还绘有楼台殿阁和云朵彩画，已剥蚀不清；墓顶涂青灰色苍穹，用白粉绘出星辰及银河。

李后陵墓前发现两道砖基，有许多砖、瓦等建筑构件。推测陵前当时应有建筑。

李后陵发现玉谥册、哀册及80多件精美的越窑瓷器青釉、白釉或黑釉的瓷器残片，其中带"官"字的定窑瓷器和越窑龙纹大盘，颇为难得。

北宋魏王夫妇合葬墓由主室、耳室、甬道和墓道组成。墓门为青砖券砌仿木构建筑。甬道两侧各有一

■ 瑞兽 是我国原始人群体的亲属、祖先、保护神的一种图腾崇拜，是人类历史上最早的一种文化现象。它们从远古时代一直沿存至今。我国古代有四大瑞兽，分别是东方青龙、南方朱雀、西方白虎、北方玄武，另外还有麒麟也是我国古代的一种瑞兽。在宋陵中的瑞兽，常常以麒麟为主。

■ 宋陵内的古建筑

耳室。墓室为穹顶,平面为圆形,直径6.54米,自底至顶高6.48米。

魏王墓内地面用石板平铺。墓葬早期被盗,出土墓志两合,随葬遗物有薄胎白釉瓷碗片等。

在宋陵范围内还发现一批墓志和碑记,其中包括亲王、公主和其他宗室子孙,如杨国公主墓志、益王墓志、燕王墓志以及燕国公主追封记、邓国公主追封记等。

此外,还发现许多绿釉琉璃瓦和瓦当,说明北宋陵园建筑已使用琉璃构件。

阅读链接

早在1918年,日本人就曾来巩义考查宋帝陵。

新中国成立后,我国学者进行了多次考查。1956年河南省人民政府发布《关于保护古迹名单的通知》,其中包括巩义宋陵。

1961年发掘魏王夫妇合葬墓。

1963年,省人民政府又公布宋陵为河南省文物保护单位。

1968年,在各陵园附近的村子建立文物保护小组。

1979年以后,国家多次拨款,对各陵墓的石刻进行扶正、黏结和维修,并树立文物保护标志,划定保护范围。

1984年发掘永熙陵北的李后陵。